KB152604

쓸모 있는 생각 설계

CHOKKAN TO RONRI WO TSUNAGU SHIKOHO

Written by Kunitake Saso
Copyright © 2019 Kunitake Saso
Korean translation copyright © 2020 Tornado Media Group
All rights reserved.
Original Japanese language edition published by Diamond, Inc.
This Korean translation rights arranged with Diamond, Inc. through BC Agency.

이 책의 한국어판 저작권은 BC Agency를 통한 Diamond, Inc.와의 독점계약으로
토네이도미디어그룹㈜에 있습니다.
저작권법에 의해 한국 내에서 보호를 받는 저작물이므로 무단전재와 무단복제를 금합니다.

쓸모 있는 생각 설계

사소 쿠니타케 지음 | 김윤희 옮김

직감과 논리를 이어주는 사고법

直感

論理

VISION

DRIVEN

TORNADO
토네이도

일러두기

1. 책에 등장하는 주요 인명, 지명, 기관명 등은 국립국어원 외래어 표기법을 따랐지만 일부 단어에 대해서는 소리 나는 대로 표기했다.
2. 언급된 도서 중 국내에 출간된 도서는 한글 제목을 따랐고, 아직 출간되지 않은 책은 원제목을 그대로 표기했다.
3. 각주는 해당 장의 마지막에 표기했다.

단순한 공상과
가치 있는 아이디어 사이

"요즘 내가 정말 하고 싶은 게 뭔지 잘 모르겠어…"

한 친구가 이런 상담을 해온 적이 있다. 대기업에서 신규 사업 총괄 매니저로 활약 중이던 그녀는 존재만으로도 성공적인 프로젝트를 보장하는 사람이었다. 그 친구에겐 늘 '천재 커뮤니케이터'란 수식어가 따라다녔다. 새로운 사업을 기획하고 실행하는 데 있어서 이런 직원은 절대적이라고 해도 과언이 아니다. 그런데 그런 그녀가 우는 소리를 했다.

"일은 잘되고 있는데 왠지 애매하게 느껴지고 성에 차질 않아. 그렇다고 딱히 불만이 있는 것도 아니야."

문득 '커뮤니케이션이 너무 잘되는 것'이 문제인 게 아닐까 하는 생각이 들었다. 주변의 기대에 부응해 팀을 위한 아이디어를 무한 제공하는 동안, 정작 '자기 모드'로의 전환 스위치를 잃어버린 것은 아닐까.

타인 모드에 지배당한 뇌

매일 아침 거의 같은 시간에 출근해서 구글 캘린더나 다이어리로 스케줄을 체크하고 회의와 미팅에 참석한다. 그 외의 시간에는 서류를 작성하거나 경비 정산·결재 등의 업무를 한다. 틈틈이 트위터나 인스타그램에 게시물을 올리며 '좋아요'도 누르고, 요즘 핫한 이슈에 관해 친구와 대화를 나눈다…

이 모든 것이 결국 타인에게서 얻은 정보에 반응하는 '타인 모드'의 행위들이다. 실제로 일상생활에서 우리의 뇌는 줄곧 타인 모드 상태다. 방대한 네트워크 속을 유영하며 '내가 어떻게 느끼고 있지?'보다는 '어떻게 하면 상대가 만족할까?'에 몰두한다.

소셜 미디어에 게시물을 올릴 때조차도 '어떤 콘텐츠를 만들어야 팔로워들이 '좋아요'를 누를까?' 하는 생각뿐이다. 반대로 일상에 '자기 모드'라고 할 만한 시간은 거의 없는 듯하다. 이렇게 자기 모드 스위치를 끈 채로 지내다 보면 내 의견을 묻는 질문에는 답을 하기가 어려워진다. 새로운 생각을 해내거나 한 가지에 꽂혀 집요하게 궁리하고 탐구하는 힘도 약해진다. 그 정도에서 끝나면 그나마 다행이다. 심한 경우에는 새로운 상황이나 사물에 가슴 설레거나 감동하며 행복을 느끼는 힘도 둔해진다. 이쯤 되면 심각하다. 한 자리에 고여 있는 듯해 막연하고 답답한 느낌을 호소하는 것은 타인 모드로 살아가는 현대인의 '생활습관병'이라고 할 수 있다.

도대체 나는 무엇이 하고 싶은가?

직무와 직급을 막론하고 상황은 마찬가지다. 안정적으로 경영 실적을 올리고 있는 기업이라도 매출, 주주, 마케팅, 경쟁사 등 '외부 요소'에만 집중하게 되면 '도대체 나는 무엇이 하고 싶은가'라는 근본적인 물음을 잃고 만다. 신기하게도 그런 조직은 결국 에너지를 잃는다. 그 현상이 몇 년간 지속되면 경영에도 심각한 영향을 미친다.

반대로 압도적인 성장을 지속하는 회사나 팀을 들여다보면 구성원 모두가 하고 싶은 일에 관한 강한 신념으로 무장해 있다. 그들을 움직이는 건 논리적으로 얻어낸 전략이나 데이터 분석에 근거한 마케팅 플랜이 아니다. 오히려 확실한 근거를 내세울 수 없는 '직감'과 정체를 알 수 없는 '공상'이 그 원동력이다. 이러한 요소들이 바로 '비전'의 씨앗이 된 것이다.

소니에서 근무할 때를 돌이켜보면, 대박을 친 신규 프로젝트 뒤에는 사소한 직감에서 얻은 힌트로 풍부한 공상을 해나간 구성원들이 존재했다. 주변 사람들이 터무니없다고 손가락질해도 참신한 아이디어를 향한 걸음을 멈추지 않고 열정적으로 달려가는 사람들의 모습을 보면서 내내 생각했다. '이런 개인과 조직에게 힘이 되고 싶다!' 이런 마음으로 설립한 것이 전략 디자인 기업 'BIOTOPE'다.

전략과 디자인은 언뜻 보면 모순된 조합이란 생각이 들지도 모르겠다. 하지만 전략을 '이상적으로 꿈꾸는 상태를 구체화하고 현실과의 격차를 좁히기 위한 길을 찾아내는 것'으로, 디자인을 '지금은 존재하지 않는 개념(길)을 구체화하는 방법'으로 정의한다면 둘은 의외로 잘 어울리는 조합이다. 개인과 조직이 갖고 있는 '공상'을 공공의 장으로 끄집어내 '비전'으로 발전시키고 구현할 수 있도록 돕는 것이 우리 회사의 일이다. 창업한 지 겨우 3년밖에 되지 않은 애송이 회사지만, 각 업계의 멋진 공상가들과 함께 벌써 100건 이상의 이노베이션을 지원했다.

'공상'을 원동력으로 삼을 수 있는 개인과 조직은 강하다. 시대 감각이 뛰어난 사람들은 이미 이 사실을 인지하고 있었을 것이다.

설립된 지 300년이 넘은 고령 기업 야마모토야마山本山, 문구 제조 업체 펜텔pentel, NHK 에듀케이셔널, 요리 잡지 〈쿡패드cookpad〉, NTT 도코모, 도큐 전철, 일본 축구협회를 비롯해 유명 기업체와 단체에서 우리 회사에 상담 의뢰를 해오고 있다. 제조업, 매스컴, 상사商社, IT, 우주, 스포츠, 엔터테인먼트, 바이오 등 업종도 다채롭다. 최근에는 아트 스쿨에서부터 MBA 코스에 이르기까지 대학 교단에 설 기회도 있었다. 평소에는 회원사가 대상인 강좌를 주로 하는데, 그때 준비해 가는 내용도 개인의 직감이나 공상에서 시작한 발상을 구체적인 계획과 표현으로 만들어나가는 방법론에 관한 것이다.

논리와 전략은 만능열쇠가 아니다

'그건 단순히 개인적인 몽상이잖아. 제대로 된 증거를 보여줘야지. 직감만으론 비즈니스 세계에서 살아남을 수 없다니까. 성공하려면 논리가 뒷받침된 전략이 있어야 해.' 이런 말들은 과거 비즈니스 세계의 상식이었다. 대학교 졸업 후 첫 직장으로 들어간 'P&G'에서는 그 상식을 진리처럼 떠받들었다. 상세한 조사 결과에 기초한 마케팅의 위력을 온몸으로 체감했기 때문이다. 무엇보다 내가 선천적인 '좌뇌형 인간'이었기에 이런 세계에 잘 스며들 수 있었던 것인지도 모른다.

하지만 지금은 이러한 타인 모드 전략이 제대로 작동할 수 없는 사회가 됐다. 데이터나 논리에 근거해 타깃 시장에 대한 정보를 수집하고 거기에 자본을 투자하는 옛날 방식으로는 기업의 존립 자체를 보장할 수 없다. 심지어 그 주변에는 근거 없는 직감이나 정체불명의 공상을 멋지게 실현해낸 개인이나 기업이 사회의 존경을 받으며 존재감을 뽐내고 있다. 그들이 밑도 끝도 없이 세상에 내보인 공상은 사람과 자본을 끌어들이는 원동력이 돼 결과를 만들어내고 패러다임을 전환하며 세상을 움직인다. 실리콘밸리 등에서 활약하고 있는 혁신가들이 대표적인 예라고 할 수 있겠다.

뛰어드는 사업마다 산업의 지형을 바꾸며 놀라운 혁신을 이뤄낸 테슬라의 CEO 일론 머스크는 "2035년까지 인류가 화성으로 이주할 수 있게 하겠다"고 선언했다. 세상에서 가장 혁신적인 기업으로 손꼽히는 구글은 "만약 모든 웹 사이트를 다운로드할 수 있고, 그 링크를 전부 기록해 둔다면 어떨까?"라는 공동 창업자 래리 페이지의 물음에서 시작됐다. 온라인 교육 혁명을 일으킨 칸 아카데미 역시 시작은 "질 높은 교육을 무상으로 전 세계에 제공하려면?"이라는 창업자 살만 칸의 이상향을 향한 고민이었다.

우리가 눈여겨봐야 할 것은 혁신가들의 이러한 공상이 전략이나 시장의 수요보다 앞섰다는 점이다. 전략론의 대가인 경영학자

헨리 민츠버그는 실무자의 목소리가 반영되지 않은 상명하달식 전략 자체를 혹독하게 비판했다. 그는 예전부터 '전략은 현장에서 창조되고 발산된다'는 주장을 펼쳐왔다. 오늘날 비즈니스 세계는 '창발적 전략emergent strategy'을 요구한다. 아마 일론 머스크에게 '왜 인류를 화성으로 이주시키고 싶은가?'라고 물어도 그럴 듯한

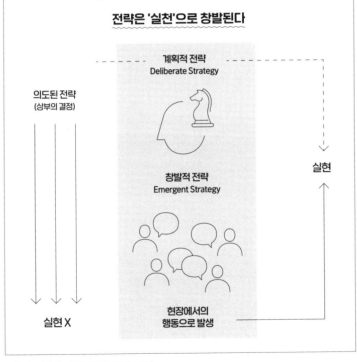

▶ 헨리 민츠버그의 '창발적 전략'이란?

답변을 기대하긴 어렵지 않을까. 그는 단순 이익을 목적으로 이런 프로젝트를 고안하지 않았을 것이다. 하지만 그렇다고 인류를 구원할 목적은 더더욱 아니었을지도.

단순한 직감과 공상을 넘어서

혁신가들은 논리나 전략으로 일을 시작하지 않는다. 그들을 흔드는 것은 '직감'이다. 이때 직감은 자신이 그리는 미래에 대해 광신적인 믿음을 가질 정도의 '공상'을 의미한다. 보통 사람이라면 '그렇지만…' 하고 포기해 버릴 일도, 자기 모드라는 액셀을 더욱 힘껏 밟으며 달리기를 멈추지 않는다. 그들은 어떻게 논리와 동떨어진 곳에서 시작해 최종적으로는 눈앞의 현실을 주도할 수 있었던 것일까? 단순히 '공상가'로 끝나는 사람과 현실세계에 영향을 미치는 '비전적 사람' 사이에는 어떤 차이가 있을까?

그것이 이 책의 주제인 '직감과 논리를 이어주는 사고법'이다. 자기 모드에서 도출한 모든 공상이 다 의미 있는 것은 아니다. 자신의 공상을 표출한 후에는 이를 구체적인 '형태'로 틀을 잡고 주변 사람들을 납득시키는 과정을 반드시 거쳐야 한다. 그래야만 직감에서 시작한 사고가 단순한 공상으로 끝나지 않을 수 있다. 비전적인 사람들은 직감과 논리를 연결해 사고하고 공상을 전략으로 바꿔나가는 작업을 잊지 않는다. 이 책에서는 이러한 사고 과정을 '비전 사고vision thinking'라고 지칭하기로 한다.

모든 것은 여백의 디자인에 달렸다

한편으로는 '직감에서 시작하는 사고'라는 말에 원인 모를 반감을 느끼는 사람도 있을 것이다. 나도 한때는 논리적 세계에 사로잡혀 있던 사람이었기에 누구보다 그 심정을 잘 이해할 수 있다. 그러다 1시간의 복식 호흡이나 명상만으로도 눈이 번쩍 뜨이고 여러 개의 쓸 만한 아이디어가 그냥 나오는 시기를 맞이하기도 했다. 그런 식으로 어느 정도 커리어를 쌓고 나자 기막힌 발상은 '타고난 센스가 있는 사람'만 해낼 수 있는 영역이라는 일종의 자만심을 갖게 됐던 것 같다. 하지만 안심해도 좋다. 이 책에서 다루려는 직감과 논리를 이어주는 비전 사고는 일부 특정인들만 가진 선천적 재능이 아니다.

좀 더 구체적인 이미지를 떠올릴 수 있도록 비전 사고의 요령 중 하나인 '여백 만들기'를 먼저 공개하겠다. 처음에 소개했던 에피소드를 떠올려보자. 자신이 정말 하고 싶은 게 뭔지 모르겠다는 그 친구에게 나는 두 가지 조언을 했다.

1. 지금 당장 노트 한 권을 살 것(A6 사이즈의 무지로 된, 두꺼운 커버의 다이어리를 추천)
2. 지금 당장 자신만 볼 수 있는 캘린더에 매일 아침 15분 동안 손글씨로 스케줄을 적을 것

　1달 후, 그녀의 표정은 눈에 띄게 밝아졌다. 원체 똑똑했던 친구의 머리는 한층 맑아졌고, 직장에서는 그 전보다 더 좋은 성과를 냈다고 했다. '손글씨, 1달 지속, 사람들에게 보여주지 말 것' 등의 주의 사항을 덧붙이긴 했지만 실질적으로 조언한 내용은 '여백을 어떻게 디자인할 것인가' 뿐이다. 가장 중요한 '무엇을 쓸까'에 대해서는 한마디도 하지 않았다.
　하지만 그녀는 직감과 논리를 이어주는 사고법을 스스로 터득하며 자연스럽게 자기 모드를 되찾았다. 이것이 '여백'의 힘이다. '모닝 저널링(자세한 내용은 3장에서)'이라는 이 방법론은 100여 개가 넘는 프로젝트를 진행하며 터득한 독자적인 사고법을 '여백 만들기'라는 방법으로 구체화한 것이다.
　솔직히 '이렇게 간단하다고?'라며 놀라는 독자도 있을 테다. 하지만 기존의 논리적·전략적 사고에는 없는, 그야말로 마음 가장 깊은 곳을 치유하는 '인생 한약'과 같은 효험을 맛볼 수 있으리라 자신한다. 이제 서둘러 책 속으로 들어가보자.

우선 '비전 사고는 지금까지의 사고법과 어떻게 다른가?'에 대한 이야기부터 해보려 한다. 그림 속 세계를 무대로 최대한 이해하기 쉽게 써보려고 노력했으니 즐겁게 읽어주길 바란다.

사소 쿠니타케

"신이시여, 나를 이 치명적인 사랑에서 구원하소서
My God, Help Me to Survive This Deadly Love"

_드미트리 브루벨

1장

직감과 논리를 아우르는
세계 지도

독일 분단의 상징인 베를린 장벽에는
구 동독 국가평의회 의장 에리히 호네커와
구 소련 서기장 레오니트 브레주네프의
키스 장면이 그려져 있다.
풍자 예술은 분단을 녹인다.

자신의 직감과 공상을 원동력으로 구체적인 아이디어를 만들어내려면 어떻게 해야 할까? 이 질문에 대한 답을 찾는 가장 빠른 길은 '비전 사고'의 특성을 다른 타입의 사고법과 비교해서 살펴보는 것이다. 그 과정을 거치면 비전 사고법의 윤곽 또는 경계선이 분명해지리라 믿는다.

　　지금까지 사고의 영역은 크게 '개선 사고, 전략 사고, 디자인 사고'로 나눌 수 있었다. 그런데 비전 사고는 그것들과는 전혀 다른 제4의 사고다. 이번 장에서는 비전 사고의 과정을 비유해 표현한 가공의 세계를 바탕으로 이야기를 해보려 한다.

정해진 답이 지배하는 개선의 농지

지금은 전략 디자인, 이노베이션 지원 등의 일을 하지만 이전에는

'창조적'이라는 단어와 정반대의 삶을 살아왔다. 앞서 말했듯 전형적인 '좌뇌형 인간'이기 때문이다. 카이세이開成 고등학교나 도쿄 대학교 법학부 동기들은 대부분 일정한 전제에서 해답을 얻고, 문제해결에 재능을 보이는 타입이었다. 나 역시 룰이 정해져 있는 게임이나 퍼즐, 정답이 빤한 퀴즈를 정말 좋아했다. 그렇게 잘하지는 못했지만.

10~20대에는 '세상의 모든 것에는 정답이 있다'는 비교적 무난하고 소박한 믿음을 갖고 있었다. 그리고 실제로 그런 '정답'들이 존재했다. 언뜻 보기에는 어렵게 느껴져도 꾸준히 공부해나가다 보면 언젠가는 답이 보였다. 그게 나의 기본 가치관이었다. 이렇게 익혀온 사고방식이 우위에 있는 세상을 '개선의 농지'라고 표현해보자. 다음의 그림을 보면, 이 세계의 가장 큰 특징은 '누군가 정해놓은 룰을 기준으로 모두가 움직이고 있다'는 점이다. 입시생에게는 성적이, 취업준비생에게는 회사의 규모나 초봉이, 직장인에게는 시장점유율이나 신규 고객 확보 또는 상사의 인사평가 등의 요소가 모든 정답의 기준이 된다.

그 수치를 높이는 것이 왜 정답인지는 아무도 묻지 않은 채, 모두가 KPI(Key Performance Indicator, 핵심성과지표)를 '절대 선絶對善'으로 간주한다. 실제로 직장인들은 수치가 어떻든 회사가 부여한 KPI를 전제로 움직인다. 심지어 대학의 학자들이 말하는 속세와 분리된 '상아탑' 형태의 사회에서도 기본적으로는 동료들과 경쟁 관계에 놓인다.

▶ 제1세계 '개선의 농지'

이 세계에서 승자가 되는 데 필요한 건 하나뿐이다. 생산성을 높이는 것. 누구에게나 주어진 시간은 똑같다. 각자 가진 재능이나 자원에도 큰 차이는 없다. 그렇다면 그 범위 안에서 어떻게 더 많은 '성과'를 올리는지에 따라 승패가 갈린다. 즉 시간 단위당 생산량을 늘리는 '효율화'가 절대 가치로 작용하는 셈이다. 이에 대한 방법론으로 등장한 것이 'PDCA' 사이클이다. '계획plan→실행 do→평가check→개선action'의 순서로 이뤄지는 이 과정의 최종 목표는 마지막 단계인 '개선'이다.

입시 공부를 예로 들어보자. 가장 확실한 공부법은 과거의 출제 패턴을 최대한 많이 익히고 축적하는 '기출 문제 풀이'다. 틀린 문제는 철저히 복습해 같은 결과를 내지 않아야 한다. 이런 식의 '개선' 사이클은 높은 점수를 획득하는 데 필수적인 요소다. 비스니스 세계에서도 크게 다르지 않다.

'일하는 방식을 바꿨더니 생산성이 높아졌어요. 정말 능력 있단 소리도 듣고 업무 처리 속도도 빨라졌어요.' 이런 말에는 대부분 일의 효율과 시간당 업무 달성도가 동시에 높아졌다는 대전제가 깔려 있다. PDCA 사이클을 여러 번 반복함으로써 그 세계의 세세한 룰을 숙지하고, 성과에 해당하는 농작물 수확 작업에 숙련돼 가는 것이야말로 '개선의 농지'의 기본 윤리다.

자동화와 불확실한 미래의 위협

오늘날 개선의 농지 주민들은 '자동화의 물결'과 'VUCA의 안개'로 과거에 없던 위기에 처했다. 인공지능이나 로봇에 의한 업무자동화의 위협에 대해서는 이미 많은 학자들이 강조해왔기에 길게 설명할 필요는 없을 듯하다. PDCA 사이클이 유효한 영역이나 일정 순서가 정해져 있는 자동화 분야는 점차 로봇이나 인공지능이 사람의 자리를 대체할 것이다.

또 한 가지 위기는, 미래를 예견하고 전망할 수 없게 됐다는 점이다. 지금까지는 과거의 성공이나 실패를 기준으로 미래를 예측하고 의사 결정을 해나갈 수 있었다. 하지만 지금 시점에서 분명하게 말할 수 있는 건 '확실하게 판단할 수 있는 미래 같은 건 이제 존재하지 않는다'라는 정도다. 세계 각국의 경제인들이 모이는 다보스 포럼에서는 이런 세계를 'VUCA[1] 월드'라고 명명했다. 이는 변동volatility, 불확실uncertainty, 복잡성complexity, 애매성ambiguity의 머리글자를 따서 만든 합성어다. 지금 개선의 농지는 한 치 앞도 보이지 않을 만큼 자욱한 안개로 뒤덮여 있다. 애초에 이곳을 지배하고 있던 세계관은 VUCA 월드의 그것과 정반대의 개념이라고 해도 과언이 아니다.

'매년 하던 대로 하지 뭐. 최근 몇 년 간 데이터를 바탕으로 다음 계획을 세우면 될 것 같아.' 이런 식으로 사람들은 간단하고 손쉬운 예측을 하며 살아왔다. 하지만 더는 그런 예측이 불가능하다. 이곳 사람들이 게을러졌기 때문은 아니다. 오히려 그들은 더욱 더 노력하고 부지런해졌다. 다만, 과거의 데이터를 조사하고 분석한 결과에 기초한 연구나 전략으로는 따라잡을 수 없을 만큼 격변하는 세계가 도래했을 뿐이다.

세상은 전보다 더 불확실하고 복잡하며 애매해져 버렸다. 이미 진부하게 느껴질 정도로 자주 사용되는 '정답이 없는 시대'라는 문구는, 사실 엄밀히 말하면 정답을 '찾을 수 없게 됐다'는 뜻이 아니라 문자 그대로 정답 자체가 '존재하지 않게 됐다'는 의미다. 오늘날과 같은 세상에서 대부분의 개인과 조직이 생각해야 하는 것은 어떻게 정답을 찾을까'가 아니라 '애초에 정답 같은 건 없다'는 전제다.

지금 이야기한 두 가지 위협 때문에 개선의 농지의 위기감은 점점 고조되고 있다. 그럼에도 대부분이 이곳을 벗어나려고 하지 않는 이유는 무엇일까? 그것이 바로 이 대지에 존재하는 일종의 '덫'이다. 앞의 그림에서도 보았듯이 개선의 농지 끝에는 KPI를 표기하는 커다란 전광판이 설치돼 있다. 거기에는 항상 성공과 실패가 또렷하게 표시된다. 실제로 개선의 농지 주변으로 다른 세계들이 열려 있지만 사람들은 이 농지의 KPI를 높이는 것에 속박된 채, 이곳을 벗어나려는 엄두 자체를 내지 못한다.

'직장 안에는 새로운 상품이나 서비스를 만들어내려는 분위기 자체가 없어. 무난한 기획안이 아니면 통과도 안 되고. 체제에 순응하는 사람만 키워주니까 기본 전제 자체를 뒤집는 건 아예 생각도 못 하지 뭐.' 특정인들을 비판하려는 것이 아니다. 개선의 농지 주민들의 특징은 인간이라면 누구나 부분적으로 갖고 있는 속성이다. 초반에 언급했던 것처럼 나 역시 기존 룰에 맞춰 맡은 업무를 수행하려는 경향이 강한 사람이다. 그동안 쌓은 방대한 실무 경력으로 습관적 삶에 빠져 있는 날이 많았고 퇴근 후에는 육아에 쫓기는 것이 일상이 됐다. 우리 모두 부분적으로는 개선의 농지의 주민인 셈이다.

사람은 스스로 컨트롤할 수 없는 상황에 계속해서 노출되면 스트레스를 받는다. 그런 면에서 볼 때, 최대한 예측이 가능하고 전망하기 쉬운 세계를 선호하는 것은 인간의 본능이라고 할 수 있다. 그런데 지금 이 농지에 전에 없던 새로운 '물결'과 '안개'가 엄습하고 있다. 그런 상황에서는 무언가를 하려고 애쓰기보다는 오히려 아무것도 하지 않고 밀려오는 것들에 몸을 맡기는 편이 낫다. 물론 그 과정에서 또 다른 스트레스가 발생하겠지만.

눈앞에 일이 잔뜩 쌓여 있고 선배와 후배 직원, 고객까지 당신의 업무 결과만을 기다리고 있다. 집에 돌아와도 할 일이 잔뜩 쌓여 있어 쉴 수 없다. 그렇게 열심히 일하는데도 내일이 뿌옇게 보이고 답답하게 느껴지는 것은 우리 마음속 어딘가에 '과연 이 농지에서 이렇게 수확을 위한 작업만 하고 있어도 되는 걸까…' 하는 의문이 싹텄기 때문일 것이다.

논리로 영토 확대를 꿈꾸는 전략의 황야

이런 위기감이 고조되면 자신의 힘으로 식량을 얻으려는 사람들이 나타나기 시작한다. PDCA나 위기관리로 유지되던 '농지'를 박차고 나와서 일정한 위험을 감수하며 수렵과 채집, 영토 확장으로 눈을 돌린다. 그것이 바로 제2세계인 '전략의 황야'다. 개선의 농지에서는 명확한 룰이 존재했고 대체로 같은 사람들이 그 안에서 경쟁을 반복했다. 반면 전략의 황야의 기준은 단 하나, '승부에서 획득한 힘'이다. 이 대지의 사람들은 매사에 좀 더 많은 이익을 얻기 위해 때로는 룰 자체를 바꿔가며 시장에 대한 지배력을 높인다. 이때 그 승패를 좌우하는 무기는 '전략적 사고'다.

전략적 사고의 본질은 '달성할 목표를 설정하고, 자원을 집중 또는 배분하는 것'[2]에 있다. 올바른 목표를 세우려면 현장을 분석하고 누락이나 중복이 없도록 과제를 선별·배분하는 편이 효과적이다. 이를 단적으로 보여주는 작업이 맥킨지의 사내 용어이기도 한 MECE(Mutually Exclusive and Completely Exhaustive, 상호배제와 전체 포괄)다.

전략의 황야에서는 영토 확장을 위한 전쟁이 벌어진다. 라이벌에게 지지 않으려면 정면충돌을 피하고 상대가 간과한 영토를 재빠르게 장악하기 위한 전략이 강인한 체력을 갖추는 것 이상으로 중요하다. 이런 상황에서는 현재 발생한 문제의 원인을 총망라해

열거함으로써 누락을 방지하고, 승리에 가까워질 수 있도록 목표를 재설정하는 것이 효과적이다.

▶ 제2세계 '전략의 황야'

프레임워크나 로직트리[3] 등은 이 순서를 이해하기 쉽게 시각화한 것이라고 보면 된다. 이 황야에서 경쟁 상대들이 미처 눈치채지 못한 분야는 없는지, 라이벌을 잘 따돌리고 영토를 빼앗을 방법은 없는지 등 '목표'를 세분화하고 구체적으로 열거하다 보면 자본 투자에 있어 '선택과 집중'을 할 수 있게 된다. 하지만 전략의 황야를 구성하는 대전제는 '최고가 되고 싶다', '부자가 되고 싶다', '인기를 얻고 싶다'와 같은 공상을 통해 비논리적으로 부여된다는 사실에 주목하기 바란다. 이곳은 공상과 논리가 뒤섞여 꿈틀거리는 세계인 것이다.

아무리 싸워도 얻을 수 없는 것

대학교를 졸업하고 처음 입사한 P&G는 그야말로 '전략의 황야'를 고스란히 옮겨놓은 것 같은 글로벌 기업이었다. 이 회사에서 마케팅 분석과 브랜드 전략 파트에 배치된 후에는 논리와 데이터에 기초한 비즈니스의 기본을 교육받았다.

P&G에는 시장의 동향과 판매 실적에 관한 방대한 데이터가 축적돼 있었다. 모든 의사 결정에 대한 근거로 이를 활용한다는 점에서 거의 완벽에 가까운 시스템이었다. 그곳에서 의류용 탈취제인 '페브리즈', '레노아' 같은 히트 상품 마케팅에 참여했다. 또한 면도기 '질레트'의 브랜드 매니저 경험도 쌓으며 항상 데이터를 중심으로 전략을 세웠다. 상품의 매출을 소비자 수, 사용 빈도, 가족 구성원 중 사용자 수, 아이템 수 등으로 분류하고 분석할 뿐 아니라 앞으로의 과제나 놓친 기회는 없는지 체크했다. 데이터에 기

반을 둔 마케팅은 갑작스러운 변수만 없다면 실패 확률이 낮다. 감이나 짐작에 의지하는 경우에 비하면 확실히 타율이 좋기에 안정적으로 사업을 운영해나갈 수 있다.

그렇다고 문제점이 없는 건 아니다. 숫자나 데이터에 근거한 의사 결정을 반복하다 보면 명확한 자료 없이는 아무것도 결정하지 못하는 분위기가 만연해질 수밖에 없다. 이렇게 되면 새로운 도전은 언감생심이고 '기존의 사업을 어떻게 연장해 나갈까' 하는 생각이 고착된다. 스피드도 떨어져서 데이터를 그다지 중시하지 않는 경쟁사에 시장의 새로운 움직임을 포착할 기회를 뺏기기도 한다. 물론 직장 안에는 그러한 분위기에 대한 명확한 문제의식도 존재하고 있었다.

당시는 '유니버설 스튜디오 재팬'의 재건 등으로 유명한 모리오카 츠요시森岡毅, '아리엘', '조이' 등의 브랜드를 만들어낸 요시노야 홀딩스의 집행위원 이토 마사아키伊東正明, 일본 코카콜라 부사장 와사 다카시和佐高志, 주식회사 시세이도의 최고 마케팅 책임자(CMO)였던 오토베 다이스케音部大輔 등 마케팅계의 슈퍼스타들이 선두에서 기업을 이끌던 때였다. 일각에서는 그들을 가리켜 'P&G 마피아'라고 했을 정도로 대단했다. 이렇게 쟁쟁한 이력의 선배들과 머리를 맞대고 마케팅에 대한 논의를 하면서 많은 것을 배웠다. 그중 한 선배가 했던 말이 지금도 잊히지 않는다.

"알겠지, 사소 군. P&G 마케팅이 시장의 게임에서 이기고 있는 건 데이터에 기초한 철저한 기획과 실행이 있었기 때문이야. 다만 이런 P&G조차도 이익의 80%는 '새로운 게임, 그 자체를 만들어낸 극히 일부의 마케터'에게 돌아가고 있어. 전략적 사고나 프레임워크는 결국 게임의 나머지 20%를 보충하기 위한 도구에 불과하지. 절대로 그 사실을 잊어선 안 돼."

새로운 게임을 만든다는 것은 시장점유율이 계속해서 하락하고 있는 브랜드를 다시 일으켜 세우거나 새로운 브랜드를 만들어 성공시킨다는 의미다. 더는 기존의 룰만으로 승리를 장담할 수 없을 때, 아직 시장에 존재하지 않는 새로운 룰을 설정해 게임 자체를 바꿔나가며 지금까지와는 '전혀 다른 방법'을 시도하는 것이다. 그때 그 선배의 말은 그런 마케터들이 너무도 귀중한 존재라는 의미였다. 데이터와 논리에 의한 의사 결정이 최고의 미덕으로 여겨지던 기업에서 성장한 선배들이 '새로운 게임을 만들어줄 마케터'를 양성해야 한다는 문제의식을 가졌다는 자체만으로도 신선했다. 이렇듯 '전략의 황야'에서 압도적으로 승리하려면 기존의 전략적 사고만으로는 역부족인 상황들이 발생한다. 문득 '그런 게임을 만들어 줄 마케터들이 있다고 한다면, 그것은 이 세계의 외부에서 자란 외래종이 아닐까?' 하는 생각이 들었다.

이 황야의 폐해에 대해 잊어선 안 되는 것이 또 하나 있다. 이곳에선 개인이 피폐해지기 쉽다는 점이다. 결과물이 전부 공개되기 때문에 '직위, 연봉, 스카웃 제의' 등으로 업무 성취 정도가 고스란히 나타난다. 정신없이 달리는 동안에는 별다른 문제가 없다. 하지만 이 게임에는 '끝'이 없다. 높은 곳에 오르면 오를수록 발군의 사고 능력을 가진 사람, 강인한 체력을 가진 사람, 압도적인 기득권 세력의 보호를 받는 사람들만 눈에 보이고, 밑에서는 질투의 화살이 쉼 없이 날아든다.

상황이 이렇다 보니 사람들은 길 중간쯤에서 몸과 마음이 피폐해지고, 급기야는 '산'을 올라야 한다는 강박에 시달리기도 한다. 황야에서 점유율을 놓고 각축을 벌이는 자체는 즐거운 게임을 하는 것처럼 재미있다. 하지만 거대한 압력이나 스트레스 속에서 평생을 살고 싶다고 생각하는 사람이 있을까. 이런 경쟁상태에는 '지속가능성'이 없다.

목적을 가진 난민들의 신세계 디자인 평원

P&G를 그만둘 시점에는, 정확하게 표현하기는 어렵지만 나 역시 '산'을 올라야 한다는 강박에 시달리며 이 게임에 한계를 느끼고 있었다. 전략의 황야에서 싸움을 지속해온 사람들 대부분은 어느 순간 이곳의 한계를 느끼게 되는 듯하다. 무엇을 위해 싸우는 것

인지 알 수 없는 '목적의 난민' 상태를 경험하게 되는 것이다. 줄곧 여기에서 전쟁을 벌여온 인생을 과연 매력적이라고 할 수 있을까?

그렇다고 아무 일 없었다는 듯 이전의 농지로 돌아가기에는 너무 많은 세상을 알아버렸다. '전략'과 '개선' 사이를 정신없이 오고 가다 간신히 균형을 잡을 수 있는 장소를 찾는 것이 우리가 할 수 있는 전부일까?

▶ 제3세계 '디자인 평원'

이런 생각을 하다 문득 눈을 돌리면 전략의 황야에서 뻗어 나온 다리 하나가 보인다. 그 끝에는 '디자인 평원'이라는 새로운 대지가 펼쳐져 있다. 전략에 집중하느라 지쳐가던 우리에게 '디자인 사고'라는 다리는 무엇보다 기쁜 소식이다. 이는 '논리의 대륙'에서 '창조의 대륙'으로 넘어가는 길이 열렸다는 의미이기도 하다. 다니엘 핑크의 《새로운 미래가 온다》라는 책을 계기로 이 대지의 존재를 알게 됐는데, 그는 논리에 치우친 세계에서 벗어나 감성을 살리는 것이 얼마나 중요한지 역설했다.

대중에게 좀 더 잘 알려진 책으로는 톰 켈리와 조너던 리트맨이 공동 집필한 《유쾌한 이노베이션 : 세계 최고의 디자인 기업 IDEO가 전하는 창의와 혁신》도 추천한다. IDEO의 창업자인 데이비드 켈리는 스탠포드 대학교의 커리큘럼을 바탕으로 디자인 사고의 프레임워크를 주장했다. 이를 통해 경영과 비즈니스 디자인 사이에 놓인 가교의 존재가 점차 세상에 알려지기 시작했다.

'목적의 난민'이기도 했던 나 역시 이 길을 선택했다. 나는 P&G를 퇴사한 후 여러 경력을 거쳐 소니에 들어갔다. 소니는 오리지널리티에 있어서는 세계 정상을 자랑하는 기업이다. 입사 후에는 사장 직속 부서인 크리에이티브 센터에서 신규 사업 창출을 관리하는 프로젝트를 맡게 됐다. 이 일의 숨은 미션은 사내에 소니만의 이노베이션 문화를 다시 환기하는 것이었다.

소니로 이직하기 전에는 미국 시카고에 있는 일리노이 공과대학교 디자인 스쿨에서 유학을 했다. 마스터 오브 디자인 메서드master

of design methods 과정을 밟으며 본격적으로 '디자인 사고'를 배웠다. 이곳은 미국 최초로 디자인 사고법 분야의 박사과정을 설립한 선두주자이기도 하다. 현재 세계적인 명성을 떨치고 있는 스탠포드 대학교의 디자인 스쿨보다 훨씬 먼저 '디자인 사고'를 방법론으로 구체화했다.

당시만 해도 MBA 유학이 대부분이던 때라 일부러 미국의 디자인 스쿨로 유학을 가는 사람은 거의 없었다. 덕분에 내 유학 시절 이야기를 담은 블로그[4]는 꽤 호응을 얻었고, 귀국 후에는 그곳에서 배운 내용을 정리해 《실행력 강한 사람들의 5가지 생각 습관》[5]이라는 책으로 낼 수도 있었다.

디자인 사고는 디자이너가 작업을 할 때 활용하는 일정한 사고 프로세스를 추상화한 것으로, 비즈니스 세계에서 누구나 이용할 수 있는 형태로 바꾼 프레임이다. 창조에 관한 자전거의 보조 바퀴 같은 것이기에 미적 센스 유무와는 다른 차원의 의미를 지닌다. 예술이나 디자인에 대한 센스도 있으면 좋겠지만 필수 요소는 아니다.

디자인 사고라는 개념을 언급하면 사람들은 '하지만 저는 그림 그리는 재주도 없고 만들기 수업에선 늘 꼴지를 했어요'와 같은 반응을 보인다. 이런 오해는 당연한 것일지도 모른다. '디자인'이라는 단어에서는 미술적인 재능과 관련된 듯한 뉘앙스가 강하게 느껴지기 때문이다. 하지만 이를 대체할 더 좋은 단어가 없는 관계로 이 책에서도 '디자인 사고'라는 용어를 계속 사용하려 한다. 솔직히 전략 디자인 회사 대표인 나도 고등학생 때 성적이 좋지 않았던 과목 중 하나가 미술이었다. 그림을 잘 못 그리거나 손끝이 야물지 못하거나 예술에 대한 소양이 없는 사람이어도 상관없다. 그런 생각에 위축되지 말고 계속 읽어나가길 바란다.

디자인 사고의 세 가지 본질

디자인 사고를 주장한 IDEO의 팀 브라운은 '디자이너의 업무적 사고 프로세스'를 다음과 같이 정의한다. '디자이너의 공구 세트로 인간의 수요, 테크놀로지의 가능성, 비즈니스의 성공을 통합하는 인간중심 이노베이션에 대한 접근.' 다소 추상적으로 느껴지는 이 정의를 조금 더 구체적으로 정리해 보자.

1. 프로토타입 : 손으로 하는 사고
2. 양뇌 통합사고 : 오감의 통합적 활용
3. 인간중심의 공동창작 : 개인 또는 팀 과제의 공동해결

디자인 사고의 본질 1. 손으로 하는 사고

신규 프로젝트를 시작한다고 했을 때 우리는 보통 '조사·분석→ 기획서 작성→회의'의 순으로 움직인다. 하지만 발상 단계에서 '머리로 생각한 기획'이 필요하다고 생각하는 건 타성에 젖은 고집일지도 모르겠다. 새로 집을 지으려면 당연히 설계도가 필요하다. 그렇지만 새로운 집에 대한 아이디어를 '생각'만 할 거라면 굳이 지금 당장 설계도를 그리지 않아도 된다.

아이가 점토를 가지고 노는 모습을 옆에서 보고 있으면 아이들은 명확한 기획이나 설계도 없이 손을 움직인다는 것을 알 수 있다. 아이들은 일단 무언가를 만들고 본 다음 수정을 거듭한다. 처음에는 '찰흙으로 우리 집을 만들었어요'라고 해놓고 최종 결과물은 자동차나 코끼리인 경우도 적지 않다.

실제로 디자인 사고의 모토 중 하나는 '생각하기 위해 만든다 build to think'이다. 손을 움직여 발상을 자극함으로써 새로운 무언가를 만들어내는 것이다. 이것은 예술가나 창작자들의 세계에서 경험적으로 단련돼온 방법이다. 메사추세츠 공과대학교(MIT) 교육학부 교수였던 시모어 페퍼트는 이 방법론을 구축주의 constructionism라는 학습 모델에 반영하고 있다.[6]

구축주의의 핵심은 치밀한 계획에 앞서 불완전한 결과물을 바탕으로 대화와 검토를 추구해나가는 데 있다. 디자인 사고 세계에

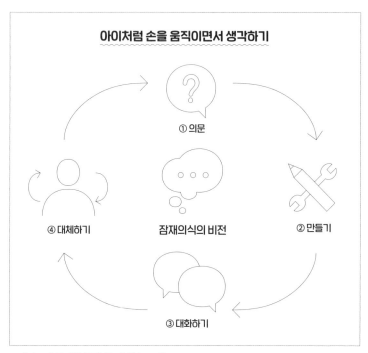

아이처럼 손을 움직이면서 생각하기

① 의문

② 만들기

③ 대화하기

④ 대체하기

잠재의식의 비전

▶ 페퍼트가 주장한 '구축주의' 학습 모델

서는 이렇게 만들어진 시제품을 '프로토타입'이라고 하며, 이를 만드는 행위를 '프로토타이핑'이라고 부른다. 우리는 종종 '머리가 굳어서 좋은 아이디어가 떠오르지 않아'라고 중얼거리는데, 구축주의 세계에서는 원칙적으로 이런 상황의 발생 자체가 불가능하다. 아직 말로 설명하기는 어렵지만 이미 구체적인 프로토타입은 존재하기 때문이다. 이런 점에서 보면 디자인 사고와 전략적 사고는 정반대의 순서를 밟는다고 할 수 있다.

디자인 사고의 본질 2. 오감의 통합적 활용

1960년대 중반, 스탠포드 대학교의 일부 연구자들 사이에서 한 가지 문제가 수면 위로 떠올랐다. '논리적인 사고 능력이 뛰어난 엔지니어들은 새로운 것을 만들어내는 창조성을 잃기 쉽다. 이를 방치하면 미국이라는 나라에서 이노베이션 창출 능력 자체가 실종되는 것은 아닐까?'

'시각적 사고ME101:visual thinking' 또는 '양뇌 사고ambidextrous thinking'라 불리는 프로그램들은 이런 위기의식에서 출발해 스탠포드 대학교 디자인 스쿨 등에서 가르치는 디자인 사고의 토대가 됐다. 좌뇌와 우뇌, 언어와 이미지라는 양자 대립을 뛰어넘어 둘을 통합한 새로운 것을 만들어내려는 자세다. 다시 말해, 디자인 사고란 개별적이고 구체적인 직감, 이미지만을 중시하지 않는다. 비선형적인 사고 모드에 대한 재평가에서 시작하면서도 단순한 착상이나 공상에 만족하지는 않는다는 것이다.

오히려 직감과 논리 사이를 자유롭게 왕복하는 '왕복 운동'이야말로 디자인 사고의 본질이라고 할 수 있다. 스탠포드 대학교에서 주장한 '양뇌 사고'에서도 사고의 L모드(언어뇌)와 R모드(이미지뇌)를 의식적으로 교체하면서 발상을 짜내는 과정을 장려한다. 먼저 손을 움직여 프로토타입을 만든 후에는 일정한 언어로 정의해나가는 작업도 간과해선 안 된다. 쉽게 말하면 그 결과물에 이름을 붙여주는 작업인 것이다. 물론 몇 가지 키워드를 열거하는 식의 작업도 좋다.

어느 모드로든 스위치를 변경할 수 있는 능력을 갖추는 게 중요

L모드(언어뇌)	R모드(이미지뇌)
심볼	비주얼, 운동감각
논리	직감
분류	통합
나누기	포함하다
객관적	감정적
선형사고	패턴 인식
남성적	여성적
부분	전체
단색	컬러
디지털	아날로지

▶ 양뇌 사고에서 'L모드'와 'R모드'의 특징

이때 힌트가 될 수 있는 것이 'VAK 사고법'이다. '시각의visual, 청각의auditory, 운동감각의kinesthetic'라는 단어의 이니셜을 따온 말로, NLP(신경언어 프로그래밍) 심리학에서 종종 언급되는 개념이다. 사람은 외부세계를 지각하기 위해 오감을 사용한다. 감각의 우선순위에는 개인차가 있고 각각의 유형에 따라 시각형, 청각형, 운동감각형으로 나눌 수 있다. 예를 들어 시각형인 사람은 눈으로 보는 학습 방법을 활용하면 효율이 오르고, '대화의 포인트가 눈에 들어왔다', '거기에 초점을 맞춥시다' 등의 시각적 표현을 많이 사용하는 경향을 보인다.

반면 운동감각이 우위에 있는 사람은 손을 움직여 배우고 익히려는 성향이 강하다. 대화 중에도 '이 광고는 확 끌어당기는 느낌이 없네', '그 얘기는 정말 정곡을 찔렀어요!'와 같은 표현을 자주 사용한다. 그렇기에 프로토타이핑을 통해 구체적인 결과를 내고자 한다면 그것을 VAK 사고법의 관점에서 언어화해 보는 것이 바람직하다. 이런 과정을 거치다 보면 자신이 어느 모드로 세계를 지각하고 있는지가 보일 것이다.

이 모델을 연구하면서 특히 새로운 무언가를 창출해 내려면 '당연하다'고 생각했던 세상의 질서에 위화감을 느낀다거나 '왠지 신경쓰인다'라는 직감적 운동감각 모드에서 출발해 자기 나름의 아이디어를 구체적인 이미지로 그려내는 시각 모드로 옮겨간 후, 그것에 이름을 붙이는 청각 모드 순서로 사고하는 것이 자연스럽다는 가설을 갖게 됐다. 실제로 어린 아이들이 새로운 단어를 배울 때 이러한 흐름으로 학습이 진행된다. 모든 감각이 뛰어날 필요는 없다. 하지만 업무의 대부분이 '언어의 세계'에서 완결되는 환경에서 생활한다면 이 사고법의 균형 잡힌 활용은 많은 도움이 될 것이다.

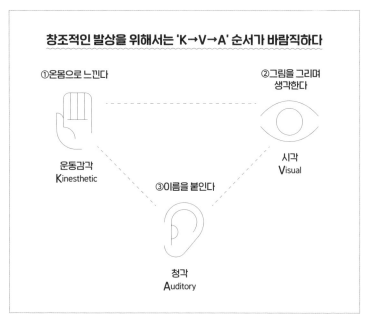

창조적인 발상을 위해서는 'K→V→A' 순서가 바람직하다

①온몸으로 느낀다

②그림을 그리며 생각한다

운동감각
Kinesthetic

③이름을 붙인다

시각
Visual

청각
Auditory

▶ 감각에 초점을 맞추는 VAK 사고법

디자인 사고의 본질 3. 개인 또는 팀 과제의 공동해결

디자인 사고의 세 번째 특징은 '인간중심의 공동창작 프로세스'라는 것이다. 지금까지의 상식으로는 생각한다는 자체가 어떤 의미에서는 고독한 작업이었다. 반면, 프로토타이핑에서 시작하는 디자인 사고는 제3자에게도 '사고의 내용'을 보여줄 수 있다는 장점이 있다. 상대가 빽빽이 적힌 메모나 정리되지 않은 서류를 들고 오면 아무리 열심히 설명해줘도 그 생각을 이해하기는 쉽지 않다. 하지만 프로토타입이 눈앞에 있으면 적어도 그곳에는 대화의 장이 만들어질 수 있다. 찰흙으로 무언가를 만들고 있는 아이들에게 '이거 코끼리니?' 하고 물으면 '아니요, 이건 소방차예요'라는 대답이 돌아올지도 모른다. 그러면 우리는 '여기에 타이어를 달아주는 건 어떨까?' 하고 다른 아이디어를 제안할 수도 있다.

비즈니스에서도 마찬가지다. '차세대 스마트폰'에 관해 기획자가 머릿속에 그리고 있는 것을 구현한 프로토타입을 갖고 있다면 어떨까? 그것이 어떤 형태인지는 크게 중요하지 않다. 태블릿으로 그린 스케치일 수도 있고, 레고로 만든 것일 수도 있다. 정말 간단하게 메모지에 펜으로 그린 것이어도 좋다. 어쨌든 무언가 구체적으로 눈에 보이는 것이 있다는 자체로 논의가 발생할 여지는 충분하다. 적어도 더는 아이디어가 떠오르지 않는 사태는 피할 수 있을 테다.

프로토타입을 보며 이를 언어화해 나가는 과정에서 프로젝트에 참여한 멤버의 VAK 모드가 다양하다면 기획자가 놓쳤던 발상을 포착하는 기회를 얻을 수도 있다. 예를 들어 시각형인 사람의 프로토타입에 운동감각형인 팀원이 '좀 더 따스한 느낌을 주면 좋겠는데'와 같은 피드백을 해주는 것이다.

　디자인 사고는 조직이 공통으로 안고 있는 하나의 과제를 해결해나가는 데 활용할 수 있는 꽤 유용한 접근법이다. 개인 또는 팀에 대한 리서치는 창조를 위한 '공통 언어'를 만든다는 면에서 큰 의미를 갖는다. 다양한 비즈니스 업계에서 디자인 사고가 확산되고 있는 것은, 공동창작 형태의 업무에 대해 범용성이 높은 문제 해결 방법이기 때문이다. 또한 최근 10년 동안 SNS와 클라우드 등이 보급되면서 협업이 쉬운 환경이 마련됐다. 온라인에서 빠르게 프로토타입을 공유하고 그에 대한 피드백을 얻어 다시 한 번 프로토타이핑을 할 수 있다는 측면에서 보면, 디자인 사고는 '현대 지향적'인 발상법이라고도 할 수 있다.

유용성에서 해방된 인생 예술의 산맥

전략의 황야에 지쳐 '디자인 평원'으로 뻗어 나가는 사람들이 늘어나고 있지만 과연 이곳이 정착할 만한 가치가 있는 낙원이냐는 물음에 확답을 하기는 어렵다. 디자인 사고란 만인이 창조성을 발휘하기 위한 도구에 불과하다. 겉으로 보기에는 모두가 평등하고 아름다운 평원이 펼쳐져 있지만 사실 이곳에도 '토박이'들이 존재한다. 그들은 예술적 소양을 갖춘 크리에이터들이다. 디자인 평원의 한쪽에는 번뜩이는 탑이 솟아 있는데 그곳에 출입할 수 있는 사람들은 극히 일부다. 즉 '센스 없는 사람은 사절'이란 뜻이다.

전략의 황야에서 건너온 사람 중 원래부터 창조적인 일을 지향하던 사람, 무언가 구체적인 사물 또는 서비스를 추구해온 실적과 경험이 있는 사람은 이 탑에 살고 있는 예술가들과 함께 어울리며 차근차근 능력을 발휘한다. 하지만 그들과의 컬래버레이션에 성공하는 사람은 많지 않다. 대부분은 평원 '견학'을 즐겁게 마친 후 하나같이 언짢은 표정으로 다리를 건너 황야로 되돌아간다. 논리와 언어에 기초한 점유율 전쟁을 반복해온 그들은 자신들의 창조성에 열등감을 느끼며 평원 토박이들의 시선을 의식하게 된다. 문제는 이뿐만이 아니다.

앞서 말한 것처럼 디자인 사고는 사람들이 공유하는 문제를 해결하는 데에는 상당히 명확한 효과를 발휘한다. 프로토타이핑이나 양뇌 사고로 접근하며 여러 사람의 교집합을 찾아나가기 때문에 모두가 납득할 수 있는 해답에 도달할 수 있다. 하지만 이는 개인의 개성이나 세계관 표현에 제한이 따를 수 있다는 의미이기도 하다. 공동작업이기에 개인작업을 할 때처럼 '자기다움'을 고집하기는 어렵기 때문이다.

디자인 사고를 충실하게 실행하다 보면 '타인 모드'에 치중하게 되는 경향이 있다. 의뢰인의 문제를 해결하는 디자이너에게도 종종 이런 현상이 나타난다. 팀의 리더로서 팀원들을 돕는 일에 익숙해진 내 친구가 '자기 모드'를 잃어버렸던 것처럼, 타인이 안고 있는 문제해결에만 혈안이 돼 있으면 '누구에게도 도움이 되지는 않지만 나에게는 중요한 것'이 시야에서 사라져간다. 다른 사람에게 도움이 됐다는 사실에 마냥 기뻐하다가는 정작 '내'가 없어져버렸다는 것을 깨닫게 될 테다.

이렇게 내면의 '미아'가 돼버린 사람들이 문득 고개를 돌려 바라본 곳에는 제4의 대지인 '인생 예술의 산맥'이 펼쳐져 있다. 그곳은 험한 산들로 둘러싸인 산악지대다. 산봉우리들이 무수히 솟아 있고 사람들은 저마다 자신의 비전을 추구하며 산을 오른다. 그들이 오르는 봉우리는 포장도 돼 있지 않은 울퉁불퉁한 산길이다. 중간에 길이 끊겨 있기도 하고 급경사가 나타나기도 한다. 대부분 혼자인데도 왠지 즐겁고 생기 넘치는 표정으로 연신 산을 오른다. 개중에는 도저히 혼자 힘으로는 오를 수 없는 산(비전)을 발견하고 그저 올려다보기만 하는 사람도 있다. 기업가, 경영인, 프리랜서, 아티스트, 스포츠 선수, 연구자, 종교인, 정치가 등이 그렇다.

그들과 공명하며 함께 산을 오르려는 사람이 보이기도 한다. 산을 오르는 사람들에겐 '타인의 눈'을 의식하지 않는다는 공통점이 있다. 주변 경치를 즐기면서 '자기 모드'에 몰두해 오로지 눈앞에 펼쳐진 길을 한 걸음, 한 걸음 나아갈 뿐이다. 우리가 꿈꿔야 할 곳

은 바로 이 대지가 아닐까. 이 사실을 깨닫기 시작한 사람들이 있다. 디자인 평원에서 언급했던 다니엘 핑크는《모티베이션 3.0 : 어떻게 지속적인 의욕을 이끌어낼 것인가 モチベーション3.0持続する「やる気」をいかに引き出すか》라는 책에서 '개개인 내면의 자발적 동기'를 중시하는 사회로 나아가자고 주장한다.

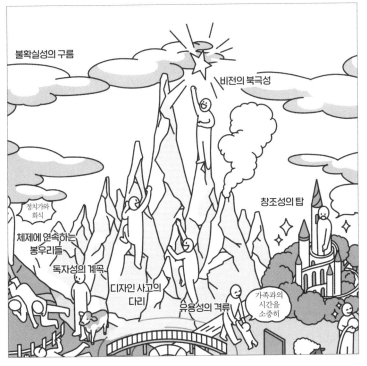

▶ 제4세계 '인생 예술의 산맥'

최근 들어 뇌 휴식법 같은 명상이 유행하는 것도 같은 맥락이다. 웹 사이트나 모바일 디바이스의 보편화로 관심이 '밖'을 향하는 일이 늘어나면서 '지금, 여기' 있는 '나'에게 주의를 돌리는 활동에 가치를 느끼게 된 것이다. 이러한 욕구는 개인뿐 아니라 조직을 다룬 글에서도 드러난다. 와세다 대학교 비즈니스 스쿨 부교수인 경영학자 이리야마 아키에入山章栄는 오늘날처럼 불확실성이 높은 시장에서는 '도대체 이 사회에서는 무엇을 해야 하는가?'라는 질문이 필연적으로 따라온다고 말한다.[7]

이러한 장기적 방향 정하기long term orientation에는 세밀한 분석이나 논리에 더해 감성과 직감이 필요하다. 글로벌 기업들은 이미 10~20년 앞을 내다보며 장기적인 비전에 근거한 전략을 세우기 시작했다.

네 가지 사고 사이클의 차이

지금까지 논리 모드와 창조 모드를 오가면서 사고에 관한 대지를 소개했다. 이쯤에서 시점을 상공으로 옮겨 맨 위에서 이 세계 전체를 다시 한 번 내려다보자. 다음의 도식처럼 네 가지 사고법은 두 개의 축으로 이뤄져 있다.

세로축은 '창조성'이다. '개선 사고'는 일정한 KPI를 전제로 하면서 그것을 높여나가는 방법을 추구한다. 또한 '전략 사고'가 의도하는 것은 시장점유율을 넓혀 많은 이익을 올릴 방법을 찾는 것이다. 둘은 '기존의 기준 범위 안에서 실적을 높여나간다'는 점에서 공통분모를 가진다. 지성이 우위를 차지하는 '1→∞'의 세계인 것이다. 반면, 디자인 평원이나 인생 예술의 산맥은 감성이 우위에 있는 세계로 '0→1'의 창조를 목표로 한다.

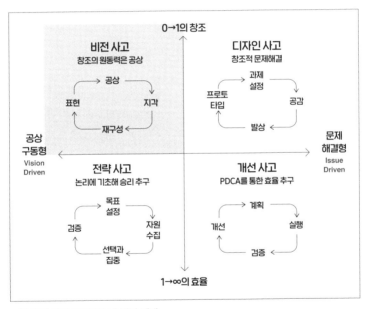

▶ 네 가지 사고 사이클과 네 개의 세계

이제 가로축에 주목해 보자. 여기는 '동기'의 차이를 보여준다. '개선 사고'나 '디자인 사고'를 자극하는 것은 외부의 이슈다. PDCA 과정에서 무언가 문제가 발생하면 그것을 평가하고 개선해야 한다. 이런 경우 디자인 사고가 창작형 문제해결의 열쇠라는 것은 이미 앞에서 살펴봤다.

전략의 황야에서는 내적 동기가 단순하다. 경쟁하며 점유율을 다투고, 시장에서 승리하고 싶다는 승부욕을 원동력으로 삼는다. 여기서 사고를 촉구하는 것은 '이기고 싶다', '돈을 많이 벌고 싶다' 정도의 욕구다.

반면 인생 예술의 산맥에서 개인을 충동하고 행동하게 하는 욕구는 훨씬 복잡하다. 반드시 사회적·경제적 성공을 목표로 하지도 않는다. 음악으로 사람들에게 감동을 주는 음악가도, '2035년까지 인류를 화성으로 이주시킬 것'이라고 호언장담하는 사람도 부나 명예에 대한 갈망이 아닌, 좀 더 근원적인 갈망을 원동력으로 삼는 것이 아닐까.

안내하려는 세계의 '윤곽'은 이미 알아챘으리라 생각한다. 자신이 어느 세계에 서 있는지 보이기 시작했는가? 앞서 말했듯이 이 책에서 말하는 '비전 사고'란 개인적인 관심에서 출발한, 창조성을 강조하는 사고법이다. 조금 마음에 걸리는 것은 인생 예술의 산맥에 사는 사람들의 사고법이 어떤 내실을 지닐지에 대한 의문이다. 유감스럽게도 이 대지는 산으로 둘러싸여 있어 좀처럼 전체를 조망하기 어렵다. 게다가 디자인 평원과의 사이에는 '유용성의 격류'가 흐른다. '도움이 되는가 안 되는가'라는 질문이 방해하고 있기에 이 산맥으로 진입하기란 결코 쉽지 않다. 디자인적인 창조성의 출발은 클라이언트임을 부정할 수 없다. 타인이 부여하는 제약을 엔진으로 하는 상황에서는 자신도 모르게 '자기 모드'의 스위치가 꺼져버린다.

또한 전략의 황야와의 사이에도 '독자성의 계곡'이라는 거대한 틈새가 입을 벌리고 있다. 점유율 다툼이라는 게임이 벌어지는 황야와 개인의 비전을 추구하는 산맥 사이에는 도저히 뛰어넘을 수 없는 간극이 존재하는 것이다. 독자성을 발휘해 산을 정복한 사람의 인생은 너무나 아름다워 보인다. 하지만 그곳으로 향하는 길은 멀고도 험하다. 그렇다면 우리에게는 이제 단념하는 길만 남은 것인가? 개인의 공상을 구체적으로 형상화하면서 살아가는 것은 선택받은 극히 일부의 사람만이 가능한 일일까?

포기 직전의 상황에서 바닥을 보면, 당신은 이 네 대지 중앙에 커다란 구멍이 뚫려 있다는 사실을 알게 된다. 그 구멍은 땅 속 깊은 곳까지 이어져 있다. 어두워서 안이 보이지는 않지만 그곳에서는 즐거운 웃음소리가 들려온다. 아무래도 어떤 작업을 하고 있는 모양이다. 개선의 농지, 전략의 황야, 디자인 평원, 이 세 곳에서는 최근 '노동 방식 개혁'을 외치는 구호가 끊이지 않았다. 그런데 저

땅 속에 있는 사람들은 지상에서 만난 사람들보다 훨씬 즐겁게 살고 있는 것 같다. 도대체 이 구멍은 무엇일까.

▶ 네 세계의 전체 모습 : '산맥'으로 가는 길은 닫혀 있는가?

1 2016년 다보스 포럼에서는 원래 군사용어였던 VUCA라는 단어를 사용했다. '적의 전체 상황을 파악하기 어렵고 전장도 명확하지 않은 테러나 게릴라전'과 같이 IT 기술이 빠르게 발전하는 비즈니스 세계에서도 눈에 보이지 않는 예측 불가능한 환경에 맞서 싸워야 한다는 것을 비유했다.

2 나는 P&G에서 전략 사고를 배웠다. 그 핵심을 정리한 바이블과 같은 책을 추천한다 : 오토베 다이스케音部大輔, 《왜 '전략'에서 차이가 나는가 : 마케팅은 전략적 사고로 강해진다なぜ「戦略」で差がつくのか。―戦略思考でマーケティングは強くなる》

3 (역주)하나의 업무를 다른 견해로 분해하고 각각의 업무들을 연결한 그림 또는 표

4 디자인 스쿨 진학을 생각하는 사람들에게 내 블로그 포스팅을 추천한다 : 'D school 유학기―비즈니스와 디자인의 교차점'(idllife.blogspot.com)

5 디자인을 배운 적 없는 사람들에게 디자인 사고의 핵심을 알려주기 위해 이 책의 저자가 쓴 책으로 영어판, 한국어판을 비롯 총 4개 국어로 출간됐다 : 《실행력 강한 사람들의 5가지 생각 습관21世紀のビジネスにデザイン思考が必要な理由》, 21세기북스, 2016

6 Papert, S., & Harel, I.(1991), Situating Constructionism. Constructionism, 36(2), pp.1~11

7 "이리야마 아키에入山章栄×하야시 치아키林千晶 - 경영이 디자인을 추구한 이유", NewsPicks, last modified July 14, 2018, http://newspicks.com/news/3170413/body

1장 직감과 논리를 아우르는 세계 지도

산드로 보티첼리, <비너스의 탄생>, 캔버스 위에 템페라, 172.5×278.5cm, 1485년경

2장

가장 인간답게
생각하다

直感

論理

VISION

기독교의 형식주의에 지배당하던
세계관에서 탈피해 '재능과 이상을 추구하는
자유로운 인간성의 회복'을 목표로 한
르네상스 회화의 대표작.
비너스는 인간성의 상징이라는 해석도 있다.

DRIVEN

삶의 전환기를 맞이하기 위한 우회도로

앞에서 살펴본 것처럼 우리는 지금 그야말로 새로운 전환기를 맞이하고 있다. 하지만 기존의 것에 얽매여 있는 한 정체돼 있는 듯한 답답함은 사라지지 않는다. 이럴 때 우리는 사고와 삶의 방식을 어떤 방향으로 업데이트해야 할까. 트랜지션 이론[1]에 따르면 인생의 전환기는 크게 세 단계로 진행된다.

가장 우선돼야 하는 것은 '종언을 고하는 단계'로 내딛는 한 걸음이다. 지루하고 정체된 듯한 느낌에 시달리고 있다는 건 지금까지의 삶에 작별을 고하고 다음 단계로 나아가야 한다는 신호다. 타성에 젖어 지속해 오던 생활습관, 일, 인간관계 등을 깔끔하게 끊어내야 새로운 것을 받아들일 수 있는 '여백'이 생긴다. 다음은 '중립의 단계'다. 과거와 작별한 직후에는 방향 감각을 잃고 불안해지기 쉽다. 그럴수록 자신의 감각에 모든 의식을 집중해 평소와 같은 일상을 유지할 수 있어야 한다. 그 단계를 통과하고 나면 '다음 스테이지를 찾아나가는 단계'가 도래한다. 이제부터는 과감하게 모드를 바꿔 신나게 달려가기만 하면 된다. 많든 적든 이런 과정을 거치면서 사람들은 삶의 전환기를 극복해간다.

많은 사람이 첫 단계에서는 어색함을 느낀다. 지금껏 즐겁기만 했던 일이나 취미에 흥미가 떨어져 당황하기도 한다. '일상이 단조롭다'고 느껴질 때는 이렇게 생각하면 된다. '드디어 트랜지션의 타이밍이 다가왔구나!' 마음은 '새로운 도전'을 갈망하는데 머리가 전혀 눈치채지 못하고 있다는 사인이라고나 할까.

그렇다고 그 사인이 단순히 '지체하지 말고 당장 다음 단계로 나아갑시다!'라는 의미는 아니다. '왠지 질려버린 것 같아…'라는 생각만으로 섣불리 다른 영역에 손을 댔다가는 얼마 지나지 않아 또 다른 단조로운 일상을 마주할 뿐이다. 그러니 지루하고 단조로움을 느끼는 그 순간을 '내 마음의 소리에 귀를 기울일 기회'라고 생각하기 바란다.

사실 이렇게 말하는 나도 정작 20대 후반에는 그런 상황에 직면하고는 우울증이 찾아와 1년이나 회사를 쉬었다. 당시에는 정말 힘들고 괴로웠지만 돌이켜보면 얻은 것도 많다. 이 '여백' 덕분에 나는 초조한 마음 없이 다음을 준비할 수 있었고, 정말 하고 싶은 일인 비전을 정확하게 발견할 수 있었다. 그때의 좌절이 없었다면 회사를 세울 만큼 '내가 하고 싶은 일'에 대한 확신을 갖진 못했을 테다.

20대에 일사천리로 커리어를 쌓은 것 같진 않은데 30대가 되면 자신만의 세계관을 확립해 멋지게 활약하는 사람이 불쑥 튀어나올 때가 있다. 그런 사람들과 한잔하다 보면 상당수가 20대에 생각지 못한 좌절을 지독하게 겪었다는 경험담을 꺼내놓는다. 그리고 그들 모두 그 시절의 실패와 아픔에 진심으로 감사하고 있었다. 이렇듯 트랜지션의 타이밍은 일시적으로 주변 사람들로부터 인정을 받지 못하는 시기이기도 하다.

하지만 그렇게 혹독한 환경에 처해 있을 때에야 비로소 주변의 영향에서 벗어나 자신만의 비전과 기준을 발견하게 된다. 눈부시게 찬란한 세계에서 암흑의 세계로 건너오면 미처 알지 못했던 또 다른 빛이 비로소 눈에 들어온다. 좌절과 실패를 강요하는 것은 아니지만, 트랜지션을 성공적으로 마무리하는 데에 일종의 '우회 도로'가 유효하다는 건 부인할 수 없는 사실이다.

필요한 건 구멍에 뛰어들 용기

혹시 앞의 장 마지막에 등장한 '구멍'에 대한 이야기를 기억하는가? 네 곳의 대지 한가운데에는 커다란 구멍이 뚫려 있었다. 너무

캄캄해서 대체 어디까지 이어져 있는지 알 수 없을 만큼 깊은. 조금 두렵기는 하지만 잃을 건 없으니 용기를 내 이 구멍 속으로 한번 들어가 보자.

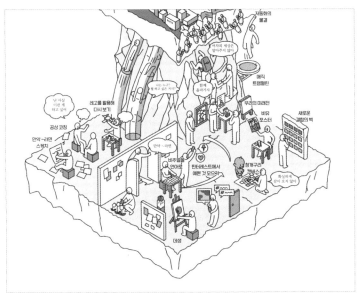

▶ 네 세계의 지하에 펼쳐져 있는 '비전 아틀리에'

구멍으로 들어가 보니 '비전 아틀리에'라는 새로운 지하세계가 펼쳐져 있었다. 놀랍게도 제일 먼저 눈에 들어오는 것은 산자락에서 이어진 들판이다. 이 산은 지상세계로까지 솟아 있다. 이곳이 '인생 예술의 산맥'의 발원지였던 것이다. 지상에서는 도무지 오를 엄두가 나지 않는 높고 험한 산맥이지만 '비전 아틀리에'에서는 산맥이 땅에 맞닿은 채로 끝없이 이어져 있어 사람들이 연신 이 산을 오르는 것처럼 보인다.

학생이나 예술가들을 제외하면 이 아틀리에에 상주하는 사람은 거의 없다. 대부분은 지상세계에서 내려온 '여행자'이거나 '다거점 거주자'들이다. 그들은 새로운 발상을 위해 내려와 있다가 잠시 후 유쾌하고 행복한 표정으로 자신의 집으로 돌아간다. '개선의 농지, 전략의 황야, 디자인 평원'으로 이어지는 엘리베이터를 타고 올라가기도 하고, '인생 예술의 산맥'을 타고 땅 위로 가기도 한다.

그런데 산기슭에 다다르려면 눈앞에 놓인 네 개의 방을 통과해야 하는 듯하다. 각각의 방에는 '공상의 방, 지각의 방, 재구성의 방, 표현의 방'이라는 팻말이 걸려 있다.

제1아틀리에 : 공상의 방

신비로운 지하 아틀리에의 첫 번째 공간은 '나의 진짜 관심'을 알기 위한 '공상의 방'이다. 지상세계에선 뚜껑이 닫혀 있는 자신의 내면이나 잠재의식과 만날 수 있다. 꼭 명확한 형태의 생각일 필요는 없다. 공간의 이름처럼 공상 정도의 수준이어도 상관없다. 중요한 것은 '나의 욕망, 내가 좋아하는 것, 나를 가슴 설레게 하는 것'과 마주하는 일이다. 이러한 공상을 이끌어내는 작업은 즐거워 보이지만 '내적 성찰'이라는 습관을 들이지 못한 사람이라면 당혹스러울 수도 있다.

자신의 욕구를 억누르고 타인을 위해 살아가는 사람은 그 과정을 '고통'으로 느끼기도 한다. 용기를 내서 손을 움직여 공상을 구체적 형태로 만들고 마주해 보자. 자신의 근본적인 공상(비전)을 형상화하는 과정에서 줄곧 억눌려 있던 에너지가 단숨에 해방되

▶ 제1아틀리에 '공상의 방'

며 소스라치게 놀라거나 갑자기 눈물을 터뜨리게 될지도 모른다. 멋진 공상을 이끌어낸 사람은 거기서 얻은 에너지로 단숨에 산을 오르고 지상으로 돌아가 일상을 거뜬히 살아내기도 한다. 이 방에서 다음 방으로 이어지는 문을 여는 열쇠는 '만약 ~라면?'이라는 마법의 질문이다.

제2아틀리에 : 지각의 방

'마법의 질문'이란 열쇠로 문을 열고 들어가면 공상의 해상도를

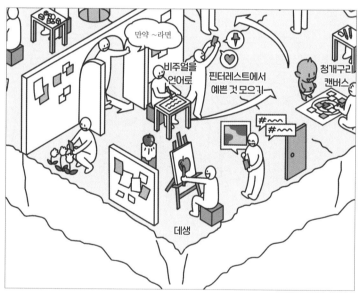

▶ 제2아틀리에 '지각의 방'

높일 '지각의 방'이 기다리고 있다. 벽과 보드에는 다양한 사진과 시, 문구 등이 무수히 붙어 있다. 그것들을 가만 바라보기도 하고 손으로 더듬어보기도 하면서 느낌이 오는 대로 비전 설계도 또는 세계관의 콜라주를 만들어가면 된다. 그 외에도 시각과 청각, 운동 감각을 자극하는 여러 도구들이 준비돼 있다. 각자 필요한 도구들을 활용하면서 영감을 얻고 막연하기만 했던 공상의 윤곽을 또렷하게 설계해나가는 작업을 하다 보면, 가능성으로 채색된 미래에 대한 아이디어를 한 장의 그림이나 설계도로 완성할 수 있을 것이다.

제3아틀리에 : 재구성의 방

세 번째 공간은 해상도를 높여 제법 그럴싸한 꼴을 갖춘 공상의 '독자성'을 철저하게 파헤쳐가는 '재구성의 방'이다. 타인의 시선을 의식하지 않고 구체화한 아이디어를 이번에는 타인의 시선으로 바라보고 좀 더 나다운 세계관으로 다져가며 독자적인 콘셉트를 만들어보자. 이곳에는 '도깨비 가면'을 비롯해 발상의 '메타 인지'를 자극하는 다양한 도구가 준비돼 있다. 자신을 옭아매고 있던 상식이 '도시 전설'에 불과했다는 것을 깨닫게 되기도 할 테다. 아이디어를 세분화해 새롭게 조립할 수 있는 방법을 고민하다 보면 단서가 될 만한 시각적 자료나 명칭 등의 정밀도를 높일 수 있다.

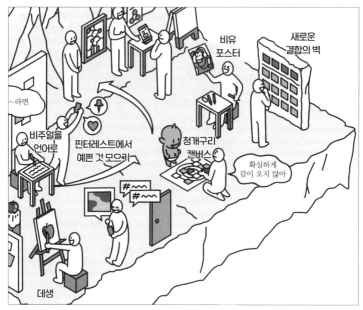

▶ 제3아틀리에 '재구성의 방'

제4아틀리에 : 표현의 방

마지막 공간은 아이디어로 재구성한 공상을 구체적인 작품으로 만들어보는 '표현의 방'이다. 작품이라고 하긴 했지만 이름 있는 갤러리에 걸릴 정도로 본격적이어야 하는 건 아니다.

비전을 간단한 프로토타입(통칭 프로보타입[2])으로 구현하는 것만으로도 충분하다. 소규모 그룹을 만들어 자신의 소중한 비전을 표현한 작품에 대해 의견을 주고받고, 거기서 얻은 피드백을 동기

삼아 또 다른 공상의 씨앗을 만드는 것이 목적이다.

이 방에 처음 온 여행객도 얼마든지 해낼 수 있도록 여러 포맷이 준비돼 있다. 여기서 전시를 하다 질려버린 사람 중 상당수는 지상세계로 돌아가 본격적인 전시회를 준비한다. 그 전시회를 통해 더 리얼하고 다양한 피드백을 얻기도 하고 실제 비즈니스로 발전시켜 나가기도 한다.

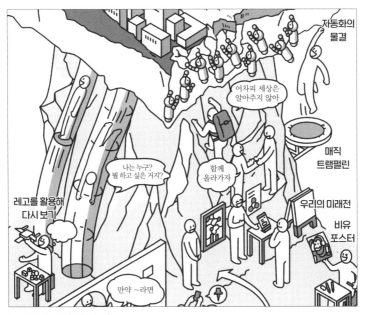

▶ 제4아틀리에 '표현의 방'

전시를 마친 사람은 다시 '공상의 방'으로 돌아가 공상을 기점으로 한 프로토타이핑 사이클을 활성화한다. 이 과정을 여러 차례 반복하다 보면, 표현의 방 뒤편으로 각 방의 원주민들이 만들어낸 작품으로 쌓아 올린 '인생 예술의 산'의 산세가 더 견고해져 있는 것을 볼 수 있다.

미국 매사추세츠 공과대학교(MIT) 미디어랩 부소장인 이시이 히로시石井裕 교수는 이렇게 말했다. "우수한 인재에게는 조산력造山力[3]이 있다." 실제로 인생 예술의 산맥은 사람들의 조산력이 만들어낸 '지층'이 분명하다. 개중에는 실로 어마어마한 공상을 이끌어내고 이를 엄청난 스피드로 구체화하는 사람도 있다. 우리는 그런 사람들을 '천재'라고 부른다.

발명왕 토머스 에디슨이나 애플 창업자 스티브 잡스 등 가공할 만한 조산력을 가진 사람들은 지상세계를 뚫고 올라올 정도로 거대한 봉우리들을 구축하고 있다. 또한 그 정도로 거대하지는 않더라도 자신만의 산을 만들어내고는 만족스러운 얼굴을 해 보이는 이들도 있다. 산을 세우고 지상세계로 돌아오기까지의 길은 지도상에선 상당히 멀게 느껴질 수도 있다. 하지만 꼭 그렇지만도 않다. 자신의 공상을 형상화하는 일에 몰두하다 보면 시대의 거대한 파도가 몰려오는 때를 마주하게 된다. 그런 시기가 오면 눈앞에 놓인 매직 트램펄린을 발판 삼아 단숨에 높이 날아오르게 될지도 모를 일이다. 성공을 이룩한 기업가에게도, 유명한 과학자에게도 타인의 인정과 이해를 구하기보다는 묵묵히 자신만의 길을 걸어 가게 되는 시기가 있다. 그들은 오로지 가야 할 길을 갔을 뿐인데 시대의 높은 파도가 밀려와 그들을 단숨에 높은 곳으로 올려놓은 것이다. 모든 건 공상에서 표현까지의 과정을 얼마나 즐기고 집중 하느냐에 달려 있다.

나다운 사고를 잃어버리는 네 가지 요인

지하세계에 펼쳐진 비전 아틀리에는 독자적인 '공상'을 프로젝트 나 사업, 예술 작품 등으로 구체화해 나가고 있는 사람들이 무의 식적으로 밟게 되는 비전 사고의 과정을 모델화해 본 것이다. 이 제 아틀리에 전체를 위에서 내려다보자. 다음의 이미지는 비전 사 고의 기본 사이클이다. 아틀리에가 가지고 있는 네 단계는 우리가 '자기 모드'로 생각할 수 없게 되는 전형적인 원인을 해소해준다.

1. 내적 동기가 부족하다 : 공상
2. 입력의 폭이 좁다 : 지각
3. 독자성이 부족하다 : 재구성
4. 결과물이 부족하다 : 표현

▶ 비전 사고의 네 단계 사이클

자기 모드로 생각할 수 없는 이유 1. 내적 동기 부족

우리의 일상은 '하지 않으면 안 되는 일'들로 가득하다. 그렇다면 '하고 싶어서 하는 일'은 얼마나 될까? 정확하게 알 수는 없지만 아마 많지는 않을 테다. 그런데 무엇이 '하고 싶은 일'이고 무엇이 '하고 싶지 않은 일'일까? '나는 왜 이 일을 하고 있는가?'라는 질문조차 하지 않는 사람도 있을 것이다. 그런 상황에서는 '자기 모드'로 생각하려는 내적 동기가 발생할 수 없다.

자기 모드로 생각할 수 없는 이유 2. 좁은 입력의 폭

오늘날은 마음만 먹으면 간단한 정보는 얼마든지 손쉽게 얻을 수 있다. 인터넷에 쌓이는 접속 기록은 소비자의 취향에 맞는 정보를 추천해 준다. 아무것도 하지 않아도 '알고 싶은 정보'가 저절로 흘러 들어온다. 하지만 그런 경로로 얻는 것들은 '당신과 닮은 누군가'가 원했던 정보에 불과하다. 역설적으로 들릴지도 모르겠지만 '당신을 위해 선별된 정보'라고 믿는 것들을 접하면 접할수록 당신의 머릿속은 '다른 누군가'와 같아질 뿐이다.

자기 모드로 생각할 수 없는 이유 3. 독자성의 부족

SNS 세계에서 타인의 평가를 가시화하는 '좋아요' 기능을 예로 들어보자. 이는 사용자에게 호감을 얻을 수 있는 게시물을 올리도록 부추기는 역할을 한다. 덕분에 세상에는 비슷한 내용의 콘텐츠들이 넘쳐난다.

뉴스 사이트의 댓글 입력 칸에 자신의 의견이라고 쓰는 글도 결과적으로는 타인의 의견과 별반 다르지 않다. 이런 일이 비일비재하다 보니 자신의 생각이라고 쓴 글이 어떤 편집 과정을 거친 것인지 살펴볼 기회는 점점 사라지고 있다.

자기 모드로 생각할 수 없는 이유 4. 결과물의 부족

바로 이 문제 앞에서 많은 사람들이 벽에 부딪친다. 정보를 입력하는 건 얼마든지 가능하다. 뉴스나 SNS는 물론이고 독서나 학습, 연수, 세미나 등에 참가하는 방법도 있다. 하지만 그곳에서 배운 것을 외부적으로 표출할 기회가 없으면 아무리 시간이 흘러도 '그 사람만의 독창적인 시점'은 생기지 않는다. 우리에겐 배운 것을 타인에게 전하고 전시할 장場이 절대적으로 부족하다.

비전 사고를 익히기 위한 두 가지 조건

문제해결은 비즈니스의 기본이다. 하지만 이것만으로는 뭔가 부족하다. 조직에서는 이노베이션의 고갈로, 개인에게는 명확한 이유를 알 수 없는 답답한 느낌으로 부족함에 대한 증상이 나타난다. 그런데 이럴 때 비전이 넘치는 사람은 의식적으로든 무의식적으로든 기필코 비전 아틀리에에 접근해 자기 모드 스위치를 다시 켠다.

'아틀리에의 원주민'이 되라는 말이 아니다. 이 아틀리에는 유용성과 비용 대비 효과, 문제해결 등과는 거리가 먼 세계이기에 천재가 아닌 이상 지속해서 머물기는 쉽지 않다. 오히려 우리 같은 평범한 사람들에게 필요한 것은 언제든 지하세계로 내려가 자기만의 공상에서 에너지를 끌어올리고 다시 지상의 현실로 돌아오기 위한 기술이다.

어려운 일처럼 들릴지도 모르겠지만 어렸을 때는 누구나 다 이러한 '왕래'를 경험했다. 특별한 재능이나 기술은 필요 없다. 다만 현대인 대부분이 그러한 사고방식을 망각하고 있기 때문에 앞서 이야기한 네 단계의 과정을 인위적으로 설계하고 의식적으로 사고 과정에 끌어들여야 한다. 비전 사고의 '습관화'가 필요한 것이다.

사고에도 여백이 필요하다

이러한 사고 모드를 '습관'으로 만들려면 두 가지가 필요하다.

1. 비전 사고의 '공간(여백)'
2. 비전 사고의 '방법'

비전 사고를 습관화하는 첫 번째 조건인 '공간'은 이 책의 핵심이기도 하다. 인위적으로 '여백'을 만드는 과정을 거쳐야 비전 사고를 습관화할 수 있다. 이는 백지 노트 같은 공간적 여백이 아니라 그것을 채우기 위한 '시간적 여백'을 의미한다. 공상, 지각, 재구성, 표현의 사이클이 성립되려면 일정한 시간과 공간을 갖고 마주할 '캔버스'가 절대적으로 필요하다. 이때 단계별로 필요한 캔버스는 미묘하게 다르다.

1. 공상 : 내적 성찰의 캔버스
2. 지각 : 촉발의 캔버스
3. 재구성 : 비약의 캔버스
4. 표현 : 전시의 캔버스

중요한 건 여백을 반드시 본인 '스스로' 만들어내야 한다는 것이다. 그런 면에서 볼 때, 모든 창조는 여백의 생산에서 시작한다고 해도 과언이 아니다. 여백을 만드는 작업 없이는 어떠한 창조적 아이디어도 탄생할 수 없다. 아이들이 자유자재로 구사하는 비전 사고를 어른들이 실천할 수 없는 가장 큰 이유가 여기에 있다. 아이들의 생활을 들여다보면 시간적으로 상당한 여백을 발견하게 된다. 그렇기에 눈앞에 크레파스와 흰 도화지라는 캔버스만 준비되면 나머지는 자기 마음대로 손을 움직여 비전 사고를 발동할 수 있는 것이다. 그러다 어른이 되면 시간의 공백이 거의 사라진다. 이는 필연적인 현상이다. 회사와 가족은 물론이고, 특히 스마트폰 안에 있는 모든 애플리케이션이 당신의 여백을 노리며 삶으로 침투해 온다. 그렇기에 '여유가 생기면 해봐야지'가 아니라 '여백을 만드는 일'이 우선돼야 하는 것이다. 앞에서 소개한 에피소드에서 친구에게 '지금 당장 노트 한 권을 살 것(공간적 여백)', '지금 당장 자신만 볼 수 있는 캘린더에 매일 아침 15분 동안 손글씨로 스케줄을 적을 것(시간적 여백)'이라는 조언을 한 것도 이런 이유에서다.

스티브 잡스를 비롯해 혁신가로 주목받은 인물들이 습관적으로 명상을 하는 데에는 이런 이유도 있을 것이다. 현재 조직 차원에서 마음 챙김mindfulness이라고 하는 명상 시간을 갖는 기업들이 늘어나고 있다. 구글에서는 이를 SIY(Search Inside Yourself)라는 이름으로 사내 연수에 도입해 진행한다. 우리가 회사에서 일하는 시간은 '해야 할 일'들로 가득하기에 '아무것도 하지 않는 여백'의 상태를 만드는 것은 그만큼 가치가 있다.

새로운 미래를 창조하는 데 여백이 필요한 건 개인적 차원의 일만이 아니다. 기업이나 조직도 마찬가지다. 회사를 운영하며 일본 축구협회의 JYD(Japan Youth Development) 프로그램에 관여할 기회가 있었다. 축구 보급사업의 비전을 제시하는 일이었다. 거기서 뜻있는 30명과 '축구로 사회 가치를 만들어내는 사업'에 관한 의견을 교환하며 그것을 '그림'으로 그려보는 비전 디자인 프로젝트를 진행했다. 그 작업을 통해 일본 축구협회의 직원 한 명 한 명이 축구를 통한 사회 공헌에 강력한 꿈과 이상을 품고 있다는 것을 알게 됐다. 프로젝트 종료 후에는 '지금까지 살면서 내가 정말 하고

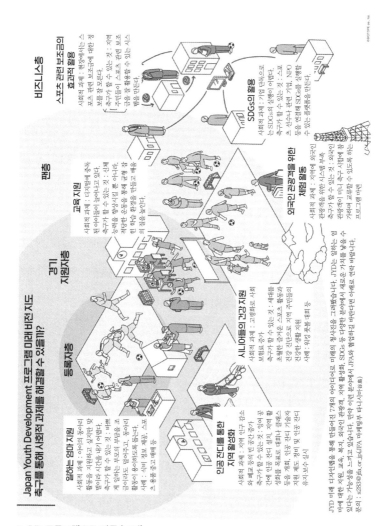

Japan Youth Development 프로그램 미래 비전 지도
축구를 통해 사회적 과제를 해결할 수 있을까?

▶ JYD 프로그램으로 만든 '그림'

싶었던 일을 많은 사람 앞에서 이야기한 건 처음이었는데, 정말 행복했다', '제각각이었던 부서들이 하나가 된 기분이었다'와 같은 참여 소감을 전해 왔다.

대부분의 회사에는 애초에 '비전을 그리는 캔버스'의 역할을 하는 공간이 준비돼 있지 않다. 새로운 비전이 탄생하지 않는 건 당연한 일이다. 하지만 비전 디자인 프로젝트라는 '캔버스'를 준비함으로써 그동안 개인 안에 숨겨져 있던 비전들이 구체적으로 표현된 것이다. 팀원 각자의 공상도 구체화되기 시작했고 최종적으로는 팀원들의 공상을 통합해 '그림' 또는 '스토리'로 발산했다. 거기에 공감한 파트너 기업들의 자발적 협업도 이끌어낼 수 있었다.

여러분의 직장에는 비전이 탄생할 '여백'이 있는가? 그것을 구체적인 형태로 만들어내는 '캔버스'는 준비돼 있는가? 만약 전혀 그렇지 않다면 여백을 만드는 것부터 시작해 보기 바란다.

우뇌가 발달하기 쉬운 현대인

비전 사고를 습관화하기 위한 두 번째 조건은 '방법'을 익히는 것이다. 개인의 자질이나 기술 능력에 좌우되지 않고 누구나 실천할 수 있는 형태로 완성돼야 한다. 이때 중요한 것은 각각의 방법들이 연속성을 가진 하나의 '원' 또는 '나선' 형태로 디자인돼 있다는 사실이다.

공상에서 출발한 사고가 프로토타입 단계에서 종료되지 않고 또 다른 공상을 이끌어내는 사이클로 이어지는 것이 가장 이상적이다. 이것이 원의 형태로 존재하는 한 어느 단계에서 사고가 시작되고 끝나는지는 중요하지 않다.

비전 사고가 우뇌 모드와 좌뇌 모드를 넘나드는 특성을 갖고 있다는 말에 지레 겁을 먹는 독자들도 있을 테다. 일본 비즈니스 현장에는 '숫자는 너무 머리 아파!', '논리적 사고에는 좀 약해서…'라며 좌뇌 계열 능력에 콤플렉스를 가진 사람들이 많다. 물론 감성이나 번뜩이는 재치, 창의와 혁신의 영역에서 자신 없는 반응을 보이는 사람도 많다. '그림을 잘 못 그리는데…', '학교 다닐 때 만들기 센스가 정말 절망적이었어'와 같은 말들은 우뇌적이라는 용어에 대한 알레르기 반응의 일종이다. 전략 디자인 업무를 하고 있기 때문인지는 몰라도 내가 체감하기에는 후자에 대한 콤플렉스를 안고 있는 사람들이 더 많은 듯하다.

그런 사람들이 우선적으로 생각해 봐야 할 것은 그 자체가 이미 하나의 사고이고 아이디어일 수 있다는 가능성이다. '그림 그리기나 만들기에 약하다', '센스 있는 생각을 잘 해내지 못한다'와 같은 말은 학교 교육이나 비즈니스 현장에서 주입된 인지적 왜곡일지 모른다. 애초에 우리에게는 직감을 훈련할 기회가 없었다. 이를 뒤집어서 생각하면, 감성이나 직감 능력에 대한 성장 잠재력이 있을지도 모른다는 뜻이다. 실제로 뇌는 사용하기에 따라 엄청나게 변화할 수 있는 기관이다. 이를 뇌의 '가역성'이라고 한다. 자주 사용하는 근육일수록 크게 발달하는 것처럼 뇌도 활성화하는 빈도가 높은 부위부터 단련되기 시작한다.

현대인들은 하루도 빠짐없이 스마트폰으로 사진이나 동영상을 보고 SNS에 뜬 맥락 없는 정보들을 처리하는 데에도 익숙하다. 수많은 정보를 '문자'로 입력하던 예전에 비하면 오늘날은 전체를 대략적으로 파악하는 우뇌적 사용법으로 뇌를 활성화할 기회가 늘어났다. 조금만 의식적으로 대처하면 우뇌적 능력을 키우기 쉬운 환경이다.

도태되지 않으려면 손으로도 생각해야 한다

미래의 시간에 서서 현재를 바라보자. 그러면 비전 사고의 '방법'은 여러분에게 '할 수 있는 것'이 아니라 '해야 하는 것'으로 다가올 것이다. 인공지능 연구 분야의 권위자인 미래학자 레이 커즈와일 박사는 '기술적 특이점technological singularity'이라는 개념을 제시했다. 인공지능이 인간의 뇌를 뛰어넘게 되는 어느 특정 시점을 의미한다. 이 개념 자체가 일종의 '비전=공상'이라는 점에 주목해

보자. 커즈와일 박사는 저서 《특이점이 온다》에서 인간의 뇌와 컴퓨터의 특징을 비교했다. 그에 따르면 인간의 뇌는 아날로그 회로이기에 디지털인 컴퓨터 회로보다 속도가 압도적으로 느리다. 하지만 인간의 뇌는 여러 부분이 동시에 활성화되는 '초병렬형 처리'가 가능하다는 특징이 있다. 최대 100만조 번의 계산을 한 번에 수행하는 이 구조 덕분에 인간의 뇌에는 '예측할 수 없는 연결'이 발생한다. 이것이 바로 '순간적인 번뜩임'의 정체다. 앞서 언급한 VAK 사고법, 즉 눈으로 보고 귀로 듣고 몸으로 느끼는 동시 입출력이 가능한 것도 뇌의 이러한 특징과 관계가 있다. 덕분에 인간의 뇌는 컴퓨터가 범접할 수 없는 움직임으로 새로운 발상의 결합을 만들어낼 수 있는 것이다.

실제로 인간의 신경세포인 뉴런은 온몸에 균등하게 분포돼 있지 않다. 다음 이미지는 '펜필드의 호문쿨루스'다. 뇌신경외과 전문의인 와일더 펜필드 박사는 뇌와 신체의 대응관계를 조사해 일종의 '지도'를 만들었다. 그것을 바탕으로 뇌의 대응영역이 많은 기관을 좀 더 크게 표현한 것이 바로 이 인형이다. 인간의 신경세포 대부분이 눈과 손, 입 주변에 집중돼 있음을 알 수 있다.

앞으로 '인공지능적인 것'들이 어느 정도의 속도로 인간을 위협해 올지는 알 수 없다. 하지만 기계는 할 수 없는 '가장 인간다운 사고방식'을 갖게 된다면 그러한 위협에 대응할 수 있지 않을까.

▶ 펜필드의 호문쿨루스(Copyright ©Mpj29)

그 핵심은 뇌의 영역을 최대한 폭넓게 동시 발화하는 것이다. 눈으로 보면서 입과 손도 함께 움직여 뇌의 동시 발화를 촉발하는 사고방식이 필요하다. 이런 배경 덕분에 이후 덧붙이게 될 비전 사고의 '방법'이 여러분의 든든한 동료가 되리라고 믿는다.

조금 돌아가는 느낌이 있긴 하지만 잠시 앞의 내용을 되돌아보려 한다. 애초에 출발점은 우리의 사고가 '타인 모드'에 잠식돼 있다는 것이었다. 하지만 '자기 모드' 사고를 영위하는 개인이나 조직 역시 이미 수없이 존재한다. 그들에게는 어떤 비밀이 있을까? 이를 알아보려 앞에서는 기존 사고방식들을 검토했다. 사고 유형을 일종의 다차원적 세계에 비유해 개선 사고, 전략 사고, 디자인 사고를 거치고 그 어디에도 속하지 않는 '제4의 사고법'의 윤곽을 그려봤다. 바로 그것이 '비전적'이라고 불리는 사람들이 실천하는 직감과 논리를 이어주는 '비전 사고'였다. 이어 그 사고법이 어떤 내실을 가지고 있는지도 개괄적으로 살펴봤다. 그때 등장한 공간이 지하세계에 펼쳐져 있는 신비로운 아틀리에다. 비전 사고에는 공상→지각→재구성→표현의 4단계가 있으며 이를 지속해서 실천하려면 '여백'과 '방법'이 필요하다는 것도 확인했다. 이제 드디어 우리는 본격적인 여행을 위한 가이드 맵을 손에 넣은 셈이다.

다음 장에서는 비전 사고의 단계에 따른 구체적인 '방법'을 소개하려 한다. 디자이너나 아티스트들이 실제로 사용하는 것도 있고 내가 독자적으로 고안해 낸 방법도 있다. '이것이 유일한 방법'이라고 생각할 필요가 없다는 뜻이다. 앞으로 소개할 방법들을 힌트 삼아 여러분 나름의 실천 방법이나 습관을 만들어나갈 수 있다면 기쁘겠다.

'공상'의 방법부터 살펴보자. 사고의 원동력이 될 공상을 이끌어 내려면 어떤 식으로 여백을 만들고 어떻게 실천 '습관'을 들여야 할까?

1 인생의 혼란기를 겪을 때 좋은 조력자가 되어줄 책이니 꼭 읽어보기 바란다. 좀 더 상세하게 알고 싶다면 다음의 영어 논문을 읽어보는 것도 좋겠다.
  - 도서 : 《내 삶에 변화가 찾아올 때》, 윌리엄 브리지스, 물푸레, 2006
  - 논문 : Jeremy Hunter, 〈The Scary, Winding Road Through Charge〉, Mindful, October 2014, pp.70~77

2 프로보타입이란 'Provocation'와 'Prototyping'이 조합된 단어로, 새로운 사고방식을 표현한 최소한의 프로토타입을 의미한다. 짧은 시간과 한정된 예산 안에서 주변의 피드백을 목적으로 만들어지기에 완성도는 크게 문제되지 않는다. 최근 유럽에서 세상의 현상을 추론하는 디자인 기법으로 특히 주목받고 있는 스페큘러티브 디자인speculative design 과정에서 사용되기도 한다.

3 (역주)열에너지와 운동에너지, 기타 지진 활동을 일으키는 것과 관련된 에너지를 조종하는 능력

외젠 들라크루아, <민중을 이끄는 자유의 여신>, 캔버스에 유채, 260×325cm, 1830년

3장

모든 것은
공상에서 시작된다

낭만주의 회화의 대표적인 작품.
프랑스혁명을 배경으로 개인의 자유와 꿈,
해방을 테마로 한다. 당시 용감한 여성은
'공상'의 상징이었는지도 모른다.

무의미한 것에서 발견하는 가치

50살이 넘도록 회사원으로 살던 사람이 어느 날 갑자기 '나는 지금 당장 영화감독이 돼서 세상을 놀라게 하고 싶어!'라고 한다면 어떨까? 아마 누군가는 터무니없어 하며 눈살을 찌푸릴 테다. 한쪽 구석에서 조용히 비웃는 사람이 있을지도 모른다. 그러나 '이건 공상에 가까운 얘기긴 하지만 언젠가는 영화감독이 돼서 세상을 깜짝 놀라게 하고 싶어!'라고 한다면 적어도 앞선 상황과는 다른 반응이 나오지 않을까. '공상'이란 단어에는 '실현될 것 같지 않은 아이디어'라는 뉘앙스가 있어 일종의 예방책으로 쓰이곤 한다.

어린 아이가 '커서 우주 비행사가 되고 싶어요'라고 하면 '꿈이 있는 아이네'라는 반응이 돌아오지만, 어느 정도 자란 후에 그런 꿈을 이야기하면 '나이가 몇인데 아직도 그런 소리나 하는 거야'라며 비웃음을 사기 십상이다. 일본은 특히 '공상'에 대한 대우가 좋지 않은 편이다. 미국이나 유럽의 여러 기업가나 연구자, 디자이너들과 대화를 해보면 그들은 실현될 것 같지 않은 아이디어, 즉 공상(비전)을 생면부지인 나에게도 당당하게 말하곤 했다.

영어의 'Vision'이란 단어에는 '꿈, 환영'이라는 뉘앙스가 담겨 있다. 거기서 파생된 단어인 'Visionary' 역시 '실현 불가능한'이나 '공상가' 정도의 의미로 해석되는 경우가 많다. 내가 해외에서 만난 사람들은 다소 허황돼 보이는 발언을 한다는 것 자체에 전혀 부끄러움을 느끼지 않는 듯했다. 오히려 다른 사람들은 아직 보지 못한 세계를 보며 그것을 현실과 중첩시키고 있었다. 두 세계를 융합시키는 MR(Mixed Reality) 장치를 항상 장착하고 있는 것처럼 말이다.

일본에서는 허튼 생각으로 여겨지는 공상이 왜 세계적인 엘리트라 불리는 사람들 사이에서는 멋진 생각으로 평가받는 것일까? 그들은 '진정 가치 있는 것은 공상에서 생겨난다'는 것을 경험적으로 알고 있기 때문이다. 그렇기에 오히려 의식적으로 현실과 동떨어진 이야기를 하려고 노력하는 듯 보이기도 한다.

MIT의 대니엘 킴 교수의 '창조적 긴장creative tension'이란 개념은 이러한 현상을 뒷받침한다. 사람이 어떤 방식으로든 창조성을 발휘하려면 '공상과 현실의 간극'을 인식해야 한다. 개인이 관심을 갖는 대상에 대해 비전을 명확히 하고 현실과의 간극을 정면으로 받아들일 때 비로소 그 틈을 메우려는 동기가 자신 안에서 생겨난다. 이러한 긴장 상태에 돌입하지 않는 한 사람은 창조적인 모드로 들어갈 수 없다. 카네기 멜런 대학교의 행동경제학자 조지 로벤스타인[1] 교수는 이러한 사고방식을 지지하는 이론을 제시했다. 그에 따르면 호기심이나 탐구심은 습득하고자 하는 정보와의 '간격'을 느꼈을 때 발생한다. '이 정보가 빠져 있네'라는 인지가 선행돼야 한다는 것이다. 그의 말대로라면 공상의 내용을 명확하게 함으로써 '정보와의 간격'을 느낄 수 있다. 반대로 공상을 잠재워두

▶ 창조적 긴장이란?

고 있는 한 그러한 인지는 발생하시 않을 것이기에 앞으로 나아갈
힘도 생기지 않는다.

근거를 중시하는 전년 대비 지상주의

반드시 '실현할 수 없을 만큼 대단한 것'을 목표로 삼아야 하는 걸
까? 현재와 미래의 '간격'에 주목한다면 그 정도로 과한 목표가 아
니어도 괜찮을 듯하다. 실제로 처음 P&G에 입사했을 때만 해도
좋은 목표는 '실현 불가능하지는 않지만, 자신의 실력 이상의 설
정으로 달성할 수 있는 것stretch but achievable'이라고 배웠다. 인
재개발 연구 등을 보더라도 매니저가 신입직원을 교육시킬 때 '현
재 실력 이상의 목표'를 도전과제로 주는 것이 정석이다.

실현 불가능한 비전은 무의미할까? 아니, 오히려 해롭지는 않을
까? '현재 갖춘 것 이상의 실력을 요구하는 목표지만 실현 가능한
것'과 '실현할 수 없을 만큼 터무니없는 것' 중 어느 쪽이 바람직
할까? 사실 이것은 양자택일의 문제가 아니다. 그보다는 사고력을
발휘하는 시점에서 어떤 접근 방식을 취할지 구분해 병행하는 편
이 바람직하다.

사고에 대한 접근법은 크게 두 가지로 나눌 수 있다. 하나는 이
미 드러난 과제를 해결해 나가려는 '문제해결형issue driven' 접근

법이다. 하지만 우리가 추구하려는 것은 아직 눈에 보이지 않는 이상적인 상태를 자발적으로 만들어내고 그것과 현재의 간극에서 사고의 원동력을 얻는 '공상구동형vision driven' 접근법이다. 이때 주의해야 할 것은 문제해결형과 공상구동형의 대립축이 '사고의 창조성'이 아니라는 점이다. '현재 눈앞에 놓인 과제issue'와 '자발적 공상vision' 중 무엇을 사고의 출발점으로 삼는지의 차이일 뿐이다.

앞서 살펴봤던 디자인 사고는 그 자체로는 창조적인 방법이지만 어디까지나 문제해결을 위한 방법론으로 개발됐다는 면에서 문제해결형 접근법의 범주에 속한다고 할 수 있다. 문제해결형 사고 모드는 '작게 시작하고 크게 키운다commit low, achieve high'를 모토로 한다. 이미 드러난 과제는 물론이고 숨어 있는 문제를 발견해 그것을 '무너뜨림'으로써 조금씩 착실하게 전진해 가는 것이다. 내가 근무했던 P&G는 이러한 접근법이 유효한 회사였다. 거대한 변화를 불러일으킬 인재보다 눈앞의 작은 과제들을 해결하면서 자그마한 성장을 단시간에 쌓아 올리는 사람이 높은 평가를 받았다. '전년 대비 110% 성장'과 같은 목표치와 현재의 달성률 사이의 간격을 원동력으로 한 접근법은 현대 비즈니스 세계의 압도적인 주류다.

실현 가능한 목표라는 함정

하지만 여기에도 부정적인 면이 있다. '달성할 수 있을 것 같은 목표' 외에는 도전하려 하지 않는다는 것이다. 문제해결형 접근에 너무 치우치면 해결 가능성이 보이는, 어떤 의미에서는 쉬운 과제에만 매달리게 된다. 이는 조직 입장에서는 이노베이션 창출의 여지가, 개인에게는 보람이나 창조성을 찾아나가려는 의지가 사라져버리는 결과를 낳을 우려가 있다.

또 한 가지 폐해는 이미 설정한 목표가 있기에 '한 걸음 더 나아가자'라는 동기부여가 사라진다는 점이다. 목표로 했던 문제가 해소되면 더는 새로운 발상이 탄생하지 않는다. 원래는 훨씬 더 큰 성장 가능성을 가졌음에도 목표했던 결과를 얻은 지점에서 멈춰버리는 것이다. 반면 공상구동형 접근법으로 설정된 목표는 단기간에 성취할 수 있는 일이 아니기에 그럴 가능성이 적다. 전년도 실적이 100%였던 A씨와 B씨를 예로 들어보자.

A씨는 문제해결형으로 접근해 '이 문제만 해결하면 앞으로 10년 동안 성장은 문제없어. 이번 분기 목표는 110으로 하자'라고 생각한다. 반면 공상구동형으로 접근한 B씨는 '이 공상을 실현하려면 나머지 900이 필요해. 100을 1,000으로 만들려면 뭘 해야 할까?'라는 발상을 하게 된다. 1년 후, 두 사람은 모두 100%의 성과를 달성했다. '달성'의 관점에서 보면 A씨는 100%인데 반해 B씨

는 목표에 한참 못 미치는 성적이다. 하지만 이때, 공상구동형의 시각을 가진 사람들은 B씨가 실패했다고 생각하지 않는다. 오히려 큰 비전을 품은 B씨가 혁신을 일으킬 가능성이 높다고 판단해 장기적으로는 A씨보다 더 높은 성과를 낼 것으로 예상하기도 한다.

10% 성장보다 10배 성장

1961년, 미국의 케네디 대통령은 '앞으로 10년 안에 인간이 달에 착륙하게 하겠다'는 연설을 하며 아폴로 프로젝트에 대한 전폭적인 지원을 표명했다. 사람들은 그의 선언을 무모하다고 생각했다. 당시 미국은 우주 개발에 있어 기술적인 면에서도 투자 금액의 규모에서도 소비에트 연방에 크게 뒤처지고 있었기 때문이다. 하지만 어느 순간 이 비전이 명확하게 문서화됐고, 미국의 우주 개발 연구에 가속도가 붙으며 1969년에는 인류 최초로 달 표면에 착륙하는 성과를 얻었다.

창조적 긴장이 만들어낸 이 에피소드는 '문샷moonshot'으로 불린다. 일본 오와리尾張 지역의 장수에 지나지 않았던 오다 노부나가가 '천하포무天下布武'²라는 인장을 걸고 천하통일 직전까지 다가갔던 것도 문샷과 같은 예라고 할 수 있다. 또 피라미드나 만리장성 같은 거대한 유적도 실용성에 기초한 건축물이 아닌, 말도 안 되는 공상의 잉태에서 실현된 것이라고 볼 수 있다. 바야흐로 세계는 공상을 해방시킴으로써 거대한 목표를 그리는 문샷 사고력, 즉 비전 사고에 대한 재고찰의 방향으로 흘러가고 있다. 하버드 비즈니스 스쿨 학생들은 '정말로 세상을 바꿀지도 모를 빅 아이디어big idea에 집중하라'고 배운다.

커즈와일 교수가 설립한 '싱귤래리티(특이점) 대학교'[3]의 경영자 프로그램을 수강한 적이 있다. 그 수업에서 가장 먼저 언급한 내용은 '10%의 개선보다 10배의 달성을 생각하라'였다. 이 대학에는 원대한 목표를 이루기 위한 MTP(Massive Transformative Purpose)라는 프로그램도 준비돼 있었다. 아마 많은 사람들은 '뭐? 10배? 그건 너무 무리야!'라고 생각했을 테다. 하지만 싱귤래리티 대학교가 '10배'를 고집한 것은 그렇게 하는 편이 더 간단하기 때문이다. 계속해서 10%의 성장을 지속하려면 노력이 필요하다. 잔업 시간을 평소보다 10% 더 늘려야겠다는 단순한 발상을 하는 사람은 설마 없겠지만, 생산성을 10% 높이거나 점유율을 10% 늘리기 위해 지금보다 '분발'해야 한다는 것쯤은 누구나 생각할 수 있다. 하지만 10%가 아니라 10배로 성장하려면 그 정도의 노력만으로는 안 된다. 당연히 근본적인 생각 자체를 바꿔야 한다.

말도 안 되는 큰 목표를 세우고 나면 개인의 창의력이나 자발적인 동기에 호소하는 접근을 할 수밖에 없기 때문에 결과적으로

'노력'이라는 저주에서 해방된다. 이는 더 나아가 세상의 모든 자원을 활용하는 발상으로 이어진다. 그렇기에 10%보다는 10배가 더 간단하고 편하다는 발상이 가능한 것이다.

이러한 접근법의 장점은 또 있다. 소니 컴퓨터 사이언스 연구소의 기타노 히로아키北野宏明 소장은 '2050년까지 완전자율형 휴머노이드 로봇 축구팀을 만들어 월드컵 우승팀을 이기겠다'는 원대한 꿈을 가진 인물로 잘 알려져 있다. 그는 공상구동형 사고법에 대해 이렇게 이야기했다. "이 프로젝트의 진정한 의미는 정해진 목표를 향해 나아가는 과정에서 다양한 기술이 만들어지고 그 기술이 세상에 환원되며 또 하나의 거대한 효과로 이어진다는 것입니다."[4]

기업 경영에도 이러한 사고법을 도입하는 경영자들이 늘어나고 있다. 최근에는 ZOZO의 사장인 마에자와 유사쿠前澤友作가 '2023년에 아티스트와 함께 달에 갈 것이다'라는 선언으로 주목을 받았다. 이 분야의 대표주자로 'ALE'을 꼽고 싶다. '2020년에는 인공위성으로 엔터테인먼트 사업을 경영하겠다'는 야심찬 프로젝트를 선포한 일본 최초의 우주 벤처 기업이다. 인공위성에서 우주 쓰레기(인공적으로 만들어낸 알갱이)를 발사해 인위적으로 위성을 만들어내는 'Sky Canvas' 사업을 통해 '우주 엔터테인먼트'라는 새로운 영역을 개척하고 있다. 이 프로젝트만으로도 충분히 비전이 넘치는데 CEO인 오카지마 레나岡島礼奈는 전 사원 워크숍에서 '과학을 사회와 연결해 우주를 생활 문화권으로 끌어들인다'는 또 하나의 장대한 문샷 프로젝트를 발표했다. 그녀는 인류가 달에 발을 내디딜 수 있게 된 시대인 만큼, 우주를 '새로운 문화가 탄생하는 장소'로 만들고 싶다는 말을 덧붙였다.

상상해 보자. 과연 인류는 우주에서 어떤 방식으로 살게 될까? 분명 지구와는 다른 독자적인 모습일 테고 지속 가능한 에너지와 식량 시스템 속에서 새로운 엔터테인먼트를 만들어낼지도 모른다. 이루고 싶은 미래를 명확하게 표현함으로써 과학 기술의 진화 속도를 더 높이겠다는 것이 그녀의 목표다. 실제로 같은 미래를 바라보고 있는 사람들의 공감을 얻어 우수한 인재를 영입하는 건 물론이고 협업이나 투자자들의 지원 면에서도 긍정적인 반응을 얻고 있다.

다만 기존 대기업이 경영실무에 이 사고법을 도입하려면 인사평가나 인재관리 방법에 관한 근본적인 재고가 필요하다. 이미 인적자원관리(HRM) 측면에서는 '성과관리를 위한 목표'가 아니라 '직원의 자발적 동기나 창조성을 이끌어내기 위한 목표'라는 사고의 변화가 생겨나고 있다. '회사의 목표'와 '개인의 목표'를 연동하는 작업에 초점을 맞춘 OKR(Objectives and Key Results)[5]은 구글과 인텔이 도입한 제도로 주목받았다. 이는 공상구동형 발상에 가까운 목표관리 방식이라고 할 수 있다.

전략적 사고를 가능하게 하는 조직관리

문제해결형에서 공상구동형으로 사고 패러다임의 전환이 진행되는 배경에는 문제해결형 접근법이 한계를 맞고 있다는 점도 한몫한다. 소니에서 근무할 때 '고객중심의 상품개발 프로세스'를 목표로 하는 기획개발팀이 있었다. 그들은 고객을 가장 가까이에서 만나는 현장 직원들의 인사이트를 모아 상품 콘셉트를 개발하고 사용자 테스트를 거친 후 그들의 반응을 최우선으로 의사 결정에 반영하는 방식으로 업무를 진행했다. 이런 과정을 거치면 고객의 니즈에 부응하는 히트 상품을 다수 개발할 수 있을 것이라는 논리였다. 결론부터 말하자면, 이 프로젝트는 실패했다. 우수한 관리자들이 데이터에 기초한 제품을 개발해서 내놓았지만 시장의 니즈는 이미 변해 있었다. 타이밍을 놓치면 그 상품은 더는 팔리지 않는다. 해외에서는 새로운 상품 콘셉트가 킥스타터kickstarter 같은 크라우드 펀딩 사이트에 실시간으로 올라오는 게 당연한 일이 됐다.

실무자들이 관리자들에게 승인을 얻는 동안 시장의 트렌드는 바뀌어버린다. 산업혁명 이후부터 현대에 이르기까지 피라미드형 기업조직은 '과학적 관리법의 아버지'로 불리는 경영학자 프레더릭 윈즐로 테일러의 '경영관리'라는 개념을 기초로 했다. 테일러가 중시한 것은 생산 목표를 설정하고 어떤 식으로 모두가 그 목표를 달성할 수 있었는지에 대한 부분이었다. 이것이 바로 '개선의 농지'에서 전형적으로 볼 수 있는 운영체제다. 이 내용이 더 확장된 결과가 '전략의 황야'로 넓혀진 모델이다. 어떤 방법으로 현장의 정보를 집약해 최적의 의사 결정을 할 수 있는가에 대한 사고방식이다. 하지만 이런 전제라면 '정보 집약→합의 형성→의사 결정→전달→자본 투입→현장 실행'이라는 순서를 거쳐야 하고, 중간 중간 몇 가지 프로세스가 필요하다. 이런 관리 모델로는 시대의 변화 속도를 따라갈 수 없다. 더는 '경영관리'라는 사고법이 성립되지 않는다는 의미다.

이러한 흐름을 받아들여 런던 비즈니스 스쿨 교수인 게리 하멜은 앞으로 기업 경영진의 과제는 '관리개혁'[6]이라고 단언했다. 최고 경영진이 기존 수직구조의 조직이 안고 있는 결함을 제거하고, '개인'이 자율적으로 전략을 세워 의사 결정을 내리는 분산형 조직으로의 전환을 진지하게 검토해야 한다는 의미다. 좀 더 노골적으로 말하자면 '카리스마 넘치는 사장이 명확하고 유일한 비전을 제시하면 모든 사원이 이를 달성하기 위해 최선을 다하는 비전 경영' 역시 더는 시대에 맞지 않는 방법이란 뜻이다. 오히려 경영자는 아주 느긋하게 불변하는 미션만 제시하고, 나머지는 거기에 모인 개인 또는 파트너 기업이 미션의 가치관을 해치지 않는 범위 내에서 각자의 소신대로 비전(공상)을 실현해 가는 '틸 조직teal organization'[7]의 모습이 가장 바람직하다. 불필요한 계층구조를 없애고 각 개인이 동등하게 가치를 창출하는 '장'을 만드는 자율분산형 조직이야말로 21세기 비즈니스의 승자가 될 것이다.

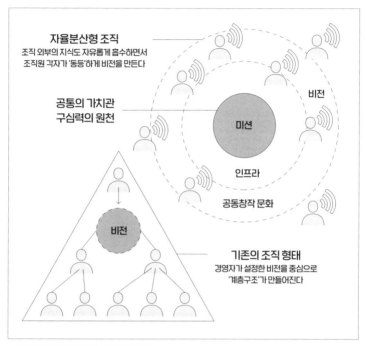

▶ 21세기의 자율분산형 팀 조직이란?

소니의 공동 창업자인 이부카 마사루井深大가 주장한 '자유롭고 활달하며 유쾌하고 이상적인 공장 건설'이란 캐치프레이즈에서 볼 수 있듯이 소니는 원래 어떤 의미에서는 팀 조직적인 문화를 갖고 있었다. 소니에 재직할 때는 이전 회사에서의 실패 경험을 바탕으로 상향식 의사 결정 구조의 '이상적인 공장'을 만들겠다는 비전을 품고 '소니 시드 액셀러레이션 프로그램SONY seed acceleration program'⁸을 전사적으로 실시했다. 사원의 자율성을 보장해 주자 회사는 성장하기 시작했다. 이와 같은 소니의 가능성과 관련 활동에 대해서는 뒤쪽에서 조금 더 설명하도록 하겠다.

지금까지 '왜 공상(비전)이 필요한가?'에 대해 주로 비즈니스 환경의 변화라는 시점으로 이야기를 해왔다. 사고의 원동력이 되는 공상을 이끌어내려면 무엇이 필요할까? 문제해결형 접근법은 문제를 발견하기만 하면 해야 할 일이 명확해진다. 하지만 공상구동형의 기점이 되는 '공상(비전)'은 호락호락하게 모습을 드러내지 않는다. 선천적으로 그것을 간파하는 사람을 '천재'라고 부르는 이유다.

오늘날처럼 어마어마한 정보들이 넘치는 현대를 가리켜 이탈리아 밀라노 공과대학의 로베르토 베르간티 교수는 '너무 눈이 부셔서 중요한 것이 보이지 않는 시대'라고 표현했다. 99%의 보통 사람에게는 공상을 이끌어내는 습관을 의지적으로 디자인해 나가는 접근법이 천재의 자리에 도달하는 가장 빠른 지름길이다. 지금부터는 공상을 이끌어내기 위한 구체적인 방법을 소개하려 한다.

기본은 종이와 손글씨

공상(비전)을 이끌어내기 위한 '여백', '캔버스'라는 말을 들었을 때, 대부분이 '노트'를 연상했을 것이다. 실제로 노트를 사는 행위는 누구나 당장 할 수 있는 가장 간단한 '여백 디자인'이다. 이미 사용하고 있는 노트여도 상관없지만 가능하면 '타인 모드'의 사고가 적혀 있지 않은 완전한 여백 상태의 노트를 권장한다. 노트를 펼치는 순간 기대감에 부풀 수 있는 디자인이면 더욱 좋다. 그런 의미에서 새 노트를 사는 것이 가장 쉬운 방법이다.

이런 이야기를 하면 '스마트폰이나 컴퓨터, 태블릿은 안 되나요?'와 같은 질문을 많이 받는다. 스마트폰에서 에버노트 애플리케이션을 실행시키고 '+' 버튼을 누르거나 컴퓨터에서 MS 워드를 열면 텅 빈 화면이 나타난다. 간단한 메모나 업무 관련 내용을 적기 위해 이미 이런 기능을 사용하고 있는 사람에겐 종이 노트에 손으로 필기를 한다는 건 상당히 비효율적으로 느껴질 수 있다. 충분히 이해한다. 하지만 '여백'을 만든다는 관점에서 생각해 보면 물리적인 종이 노트에 버금가는 디지털 도구는 아직 존재하지 않는 듯하다.

종이 노트의 장점은 '손으로 쓰기'가 가능하다는 것이다. 비전 사고가 우뇌 모드와 좌뇌 모드를 모두 아우른다는 내용은 이미 설명했다. 그림을 그릴 때는 물론이고 손으로 글씨를 쓸 때도 우리 뇌는 우뇌 모드로 전환된다. 타이핑이나 터치로 텍스트를 입력할 때 좌뇌가 활발해지는 것과 대조적이라고 볼 수 있다. 다만 최근에는 상당히 완성도 높은 펜 태블릿이 등장해 디지털 기기를 활용한 '손글씨 쓰기'가 종이 노트에 뒤지지 않는다고 할 수 있을지도 모르겠다.

하지만 여전히 난처한 상황이 존재한다. 디지털 기기 액정에 집중하다 보면 '타인 모드'의 훼방이 난입할 수 있다. 갑자기 친구가 문자를 할 수도 있고 트위터나 페이스북에서 푸시 알림이 오면 무시하기 어렵다. 컴퓨터 바탕화면에 있는 업무 관련 파일 아이콘이 눈에 들어오면 '아, 내일 프레젠테이션 자료 만들어야 하는데' 하고 다른 생각을 하게 된다. 그런 순간들이 우리를 '타인 모드'로 되돌아오게 만든다. 게임 아이콘이 시야에 들어오는 순간 우리의 '여백'은 게임에 대한 생각으로 가득 메워져버린다. 반면 무지의 종이 노트를 바라볼 때는 그런 순간들을 현저히 줄일 수 있다. 또 디지털 기기의 여백에는 '스마트폰을 든다→비밀번호를 해제한다→애플리케이션을 연다→신규작성 탭을 누른다'와 같이 여러 단계를 거쳐야 한다는 약점이 있다. 종이 노트는 그저 겉표지를 넘기기만 하면 된다. 물리적인 감각 자체가 우리에게 '여백'을 상기시켜 주기도 한다. 그러므로 여백 디자인의 제1원칙은 '종이 노트 우선'[9]이다.

감정 표출 연습을 위한 모닝 저널링

종이 노트를 준비해 타인 모드와 자기 모드를 확실하게 분리할 준비가 끝났다면 '저널링'을 해보자. 주의해야 할 점은 다음과 같다.

- 매일 같은 시간에 할 것 : 오전 업무 시작 전에 하는 모닝 저널링을 추천하는 편이지만, 자신이 지속하기 좋은 편안한 시간이기만 하면 언제든 상관은 없다.
- 나만 볼 것 : 타인이 언제든 볼 수 있는 블로그나 SNS가 아니라 자신만 볼 수 있는 노트여야 한다는 게 가장 큰 전제다.
- 매일 일정한 분량을 쓸 것 : '매일 두 페이지를 쓰겠다'고 정했다면 무조건 그 분량을 지키도록 한다.
- 마음에 드는 펜을 사용할 것 : 손으로 쓰는 것에는 집중력을 높이고 마음을 가다듬는 효과도 있다. 평소 키보드로만 글을 쓰던 사람에게 특히 추천한다.
- 최소 지속 기간은 1달 : 이 정도 기간을 지속하면 확실한 효과를 얻을 수 있다.

저널링은 공상을 이끌어내는 것이 목적이므로 과거에 있었던 일 자체를 묘사하기보다는 당시 느꼈던 감정이나 생각을 적는 것이 바람직하다. 객관적인 사실이 아니라 어디까지나 주관적인 감각과 감정에 초점을 맞추는 것이다. 어차피 자신만 보는 것이므로 유치하고 사소한 내용이여도 괜찮다. 가장 좋은 것은 '감정 저널링'이다. 싫었던 일, 기뻤던 일, 마음에 걸리는 일 등을 있는 그대로 적는다. 마음 한구석에 담고 있던 타인에 대한 험담이나 질투심 등 부정적인 감정을 굳이 억누르거나 감출 필요도 없다. 다만 마지막은 반드시 마음을 정리하고 긍정적인 감정으로 마무리하려고 노력해야 한다. 그렇게 하다 보면 점점 일상에 대한 만족감이 높아질 것이다.

타인 모드에 완전히 길들여져 있는 사람은 이 정도의 작업도 어렵게 느껴질 수 있다. 자신의 감정에 다가가는 근육이 둔감해져 있기 때문이다. 우선은 생각한 것을 있는 그대로 토해 내는 훈련이라고 생각하고 도전해 보기 바란다.[10] 지금까지 수많은 사람에게 이 방법을 추천했는데, 대부분은 일주일만 지속해도 이 작업이 끝난 후 상쾌한 기분을 맛볼 수 있었다고 말했다. 그리고 1달이 지날 무렵부터는 주변의 시선을 의식하느라 두껍게 덧입고 있던 갑옷이 벗겨지면서 '완전히 발가벗은 자신'이 보이기 시작할 것이다. 책의 앞부분에서 소개했던 친구도 '나를 둘러싸고 있던 무언가가 떨어져나가고 반들반들 윤기가 나는 것 같은 느낌'이라는 소감을 전했다.

오늘의 스케줄 : 아무것도 안 하기

노트를 사는 건 누구나 할 수 있지만 거기에 무언가를 쓰는 건 사실 또 다른 문제다. 많은 사람이 '너무 바빠요!'라며 우는 소리를 한다. '공간적 여백'은 확보할 수 있지만 공간을 채울 '시간적 여백'은 없다는 말이다.

그런데 시간적 여백도 마찬가지다. 시간이 나길 기다려서는 절대로 여백이 생기지 않는다. 그 누구의 방해도 받지 않는 시간대, 즉 자기 모드의 스케줄을 일정에 넣고 시간을 비워야만 한다.

공간적 여백을 만드는 최고의 방법이 '지금 당장 노트 사기'라면 시간적 여백을 만드는 가장 좋은 방법은 '지금 당장 스케줄에 자기 모드 일정 넣기'다. 이 경우에는 종이 다이어리에 적기보다 스마트폰의 캘린더 애플리케이션을 이용하는 것을 추천한다. 반복적인 일정을 설정할 수 있고 예정 시각 10분 전에 알람이 울리도록 설정하면 스케줄을 잊을 염려도 없다. 시간적 여백에 있어서는 오히려 디지털 기기가 실용적이고 편리하다고 할 수 있겠다. 자기 모드 스케줄을 잡을 때는 반드시 무엇을 위한 시간인지도 함께 정해둬야 한다. 여백을 채우는 구체적인 방법을 정리해두는 것도 좋다.

- 시간 단위 여백 : 매일 아침 8시, 낮 11시, 오후 3시, 밤 10시 30분에 알림이 울리도록 설정하고, 그때마다 1분씩 자신의 호흡에 집중하며 명상을 한다. 'Headspace'나 'Calm' 같은 모바일 명상 애플리케이션을 활용하는 것도 좋은 방법이다. 1분 동안의 여백을 확보하는 것은 더 큰 여백을 얻기 위한 첫걸음이다.

- 하루 단위 여백 : 매일 정해진 시간에 '나만을 위한 스케줄'을 넣는다. 저녁 시간은 컨트롤이 어려울 수 있으므로 아침이나 낮 시간을 추천한다. 매일 아침 1시간 정도 일찍 일어나서 출근 전에 카페에 들르는 것은 어떨까. 꼭 동료와 함께 점심을 먹지 않아도 된다면 카페를 '여백'을 위한 공간으로 디자인해 보는 것도 좋을 것 같다. 이때는 저널링을 하기에도 좋다.

- 주 단위 여백 : '수요일 밤', '토요일 아침' 등 1주일 중 한 요일에 2~3시간 정도를 비워둔다. 그 시간에는 매일 적은 노트를 다시 읽어보는 등 여유를 가지고 자신과 마주하면 좋을 듯하다.

- 중장기 단위 여백 : '3월 말, 6월 말, 9월 말, 12월 말'과 같이 분기에 한 번씩 '자기 모드의 날'을 만든다. 하루를 통째로 비우고 다른 스케줄을 만들지 않도록 한다. 어렵다고 느껴지면 친한 친구와 '1년에 한 번 되돌아보는 날'을 함께 정하고 일정을 잡는 방법도 있다.[11]

여백을 만드는 공상 질문

공상이 떠오를 수 있는 '여백 디자인'과 관련해 '공상 질문'이란 방법을 소개하고 싶다. 질문은 답변을 기대하게 만드는 '여백'이다. 질문이 있어야 비로소 답을 적을 '공간'이 생긴다. 자신에 대한 질문을 만드는 것은 해답을 위한 여백을 만드는 것과 같다. 공상을 촉발하는 질문으로는 다음과 같은 것들이 있다.

- 어릴 때의 꿈은?
- 학교 다닐 때 동경하던 존재가 있는가?
- 무엇이든 자유롭게 할 수 있는 3년이라는 시간이 주어지면 어떤 것을 하고 싶은가?
- 100억 엔의 투자를 받는다면 무엇을 하고 싶은가?

공상 질문에서 중요한 것은 '손으로 생각하기'다. 아주 성실한 사람이 아닌 한, 책을 읽다 이런 질문을 받는다고 해서 진지하게 고민하지는 않을 것이다. 눈으로 읽는 것만으로는 '여백'을 디자인하는 데 충분하지 않다는 말이다.

지금 종이 한 장을 준비해 큰 글씨로 '어린 시절의 꿈은 뭐였지?' 하고 적어보자. 그런 다음 왼편에 세로로 '＊'를 3개 적는다. 숫자를 적어도 상관없다. 이제 어떤 일이 일어날까? 이는 단순한 백지가 당신의 공상을 표현하기 위한 캔버스로의 의미를 획득하는 순간이다. 이것이 바로 내가 말하는 '여백의 디자인'이다.

우리는 어른이 되는 과정에서 '실현 가능성의 벽'을 배우고 독특한 생각을 하다가도 미리 '그만'이라는 주문을 거는 습관이 들어버린다. '어른의 판단'이라고 하는 정신적 장벽과 마주하게 되는 것인데, 비전 사고를 실천하고 싶다면 이러한 '머릿속 나사'를 의도적으로 풀어놓는 훈련을 반복해야 한다. 이때 유효한 것이 공상 질문이다. 그중에서도 '어린 시절'을 돌아보게 하는 질문은 자신의 근본적인 관심사 등을 탐색할 때 아주 유용하다. 미국 유학 시절, MIT 미디어랩의 '창조적인 배움을 배우다learning creative learning'라는 수업을 들었다. 그 수업의 첫 번째 시간에 준비된 질문은 '당신은 어린 시절 무엇에 열중했습니까?'였다. 앞서 언급한 시모어 페퍼트 교수는 '늘 장난감 차만 가지고 노는 아이였다'는 말로 자신의 어린 시절을 회고했다.[12]

이와 비슷한 유형으로 '동경의 마음'을 되살리는 방법이 있다. 동경이란 두근두근 가슴 설레는 감정과 직결된다. 학창시절이나 사회 초년생 시절에 '이 사람처럼 되고 싶다'라고 생각하며 동경하던 사람이 있었는가? 오늘날처럼 가치관이 다양화되고 명확한 롤모델이 부재한

시대에, 동경의 대상이 한 사람으로 국한되리란 보장은 없다. 직장 선배부터 유명인, 슈퍼스타, 역사 속 위인에 이르기까지 생각할 수 있는 모든 동경의 대상들을 적어보자.

특히 '머릿속 나사'를 풀어주려면 현실에서는 좀처럼 존재하기 어려운 가상의 상황을 설정한 후 그에 맞춘 질문을 하는 것도 하나의 방법이다. 싱귤래리티 대학교의 기업가 프로그램을 이끄는 파스칼 피넷트는 학생으로 등록한 기업가들에게 '만약 3년이라는 자유 시간이 주어지면 무엇을 하고 싶은가', '만약 100억 엔의 투자를 받는다면 무엇을 하고 싶은가?'라는 질문을 매번 던진다고 한다. 이렇게 다소 황당한 질문은 무의식중에 자신에게 부과된 제약에서 벗어나게 한다. 이런 질문을 앞서 언급한 저널링의 한 방식으로 다뤄도 좋다. 감정 저널링에 익숙해졌다면 다른 버전도 시험해 보자.

- 욕망 저널링 : 'ㅇㅇ해보고 싶어', 'ㅇㅇ가 되고 싶어' 등 자신의 욕망을 언어로 표현한다.
- 공상 저널링 : '한 달에 1,000억 엔을 쓸 수 있다면…'에서부터 공상을 부풀려나간다.

노트가 아닌 낱장의 종이에 쓰는 경우라면 A4 사이즈 이상의 커다란 종이를 준비하기 바란다. 큰 종이에 큰 글씨로 쓰면 심리적인 후련

함과 상쾌함을 얻을 수 있다. 평소에 회사에서 사용하는 것과 다른 펜을 준비하는 것도 효과적이다.

사고의 닻을 내리는 편애 콜라주

지금까지는 '여백을 만드는 방법'을 알아봤다. 다음으로 소개하려는 것은 '공상을 부풀리는 구체적인 방법'이다. 공상의 단서를 찾는 정공법은 '내가 좋아했던 것'을 떠올리는 것이다. 이 경우 단순히 머리로만 생각하는 것이 아니라 앞서 소개한 'K→V→A' 순서로 다양한 감각을 활용하는 것이 바람직하다. '좋아했던 것'을 추상적으로 생각하거나 글로 써보는 것에서 더 나아가 구체적인 이미지를 출력해 책상 위에 늘어놓아 보자. 운동감각과 시각의 자극을 얻을 수 있을 것이다. 사진이 아니라 동영상이어도 좋다. PhotoPin(PhotoPin.com) 등에 키워드를 입력하면 세련된 구도의 동영상을 간단히 찾을 수 있다.

그런 후에는 그 사진들을 이어 붙여서 콜라주를 만든다. A3 사이즈의 스케치북에 붙여도 좋고 커다란 보드에 핀으로 고정시켜도 좋다. 이것이 바로 편애 콜라주다. 각각의 사진 밑에는 좋아하게 된 이유와 좋아하는 요소 등을 간략하게 적어 '언어'로 구체화하는 작업을 해보자. 비전 사고는 단순 우뇌 사고가 아니라, 이미지 모드와 언어 모드를 자유자재로 오가는 것이다.

콜라주는 잊고 있던 것을 떠오르게 하고 현재의 자신을 이루고 있는 관심사를 한눈에 볼 수 있도록 해준다. 그것들을 컴퓨터 폴더에 숨겨두는 것이 아니라 가시화된 물체로 이끌어낸다는 점에 그 의의가 있다. 콜라주를 완성하고 나면 눈에 잘 보이는 곳에 붙여보자. 당신의 비전 사고를 확실하게 불러일으키는 '닻'이 되어줄 것이다.

▶ 저자가 작성한 편애 콜라주

'내 근본적인 관심이 어디에 있는가?'를 놓치지 않는다면 일상생활과 회사 업무는 물론이고 이직이나 결혼 등의 전환기를 맞이했을 때 타인 모드의 파도에 떠밀리는 일이 훨씬 줄어든다. 자신이 만든 콜라주를 찬찬히 바라보는 것만으로도 '호기심' 스위치를 켤 수 있다.

생각과 행동의 순서를 바꾸는 비밀 도구

편애 콜라주는 VAK 사고법 중 주로 시각적 자극을 유도하는 방법이다. 운동감각을 활용한 훈련으로는 레고를 사용하는 방법이 있다. 레고 시리어스 플레이LEGO serious play는 레고사社 교육부문의 연구개발을 총괄하고 있던 로버트 라스무센이 페퍼트 교수의 '구축주의' 이론에 기반해 성인용 교육도구로 개발해 낸 것이다.

직면한 과제나 소망하는 미래를 레고로 표현한 후 결과물을 놓고 대화를 반복함으로써 해결의 실마리를 찾아나가는 방법이다. 이는 팀 구성이나 전략 수립에도 활용되며 세계적으로 인지도를 넓혀나가고 있다. 심리요법 세계에는 환자가 자신의 심적 상태를 장난감으로 표현하고, 거기에 숨어 있는 인지적 왜곡을 수면 위로 띄우는 모래놀이요법sandplay therapy이 있다. 레고 시리어스 플레이 역시 '손을 움직임으로써' 문제를 찾아나간다는 점에서 이와 매우 유사하기 때문에 공상을 활성화시킬 때 응용할 수 있다. 이 방법은 훨씬 깊이 있는 세계로 이어지는데, 여기서는 그 입구 정도만 소개하려고 한다. 방식은 아주 간단하다. 어떤 '테마'에 대해 정해진 시간, 정해진 개수의 블록으로 작품을 만든다. 예를 들면 이런 식이다.

- 테마 : 되고 싶은 나(제한시간 5분 / 10조각)

포인트는 아이들처럼 '깊이 생각하지 않고 손을 움직이는 것'이다. 우리는 '무엇을 만들지 생각한 다음 손을 움직이는' 환경에 너무나 익숙해져 있다. 그 '순서'를 무너뜨리는 것이 이 훈련의 목적이다. 우선 두 개의 블록을 아무렇게나 결합해 보자. 그런 후에 색상이나 형태를 관찰하며 자신이 무엇을 만들고 있는지 유추하는 순서로 진행해도 무방하다는 뜻이다. 그리고 다시 다른 블록을 조립해 나가면서 새로운 해석이 가능한지 시도해 본다. 그러다 보면 서서히 아이디어의 윤곽이 또렷해질 것이다. 제한시간이 끝나면 작품의 제목을 포스트잇에 적는다.

이 작업 역시 너무 오래 생각하지 말고 1분 안에 끝내는 것이 바람직하다. 네이밍 작업은 자신이 만든 작품의 본질을 추출하는 콘셉트 수립 훈련으로 이어진다. 모든 작업이 끝나면 작품과 제목이 보이도록 사진을 찍는다. 집에 레고가 있다면 꼭 한 번 시도해 보길 바란다. 가능하다면 친구나 가족과 함께 해보는 것도 좋은 방법이다. 꼭 레고일 필요는 없다. 집안에 있는 문구류나 책, 잡지, 박스 등을 활용해도 된다. 참고가 되기를 바라는 마음으로 한 가지 테마를 더 소개하고자 한다.

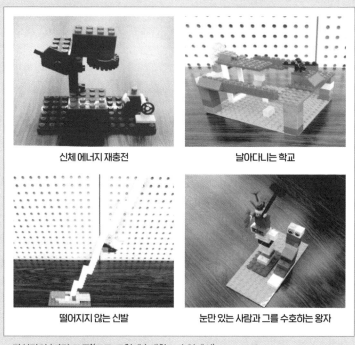

신체 에너지 재충전 　　　　날아다니는 학교

떨어지지 않는 신발 　　　　눈만 있는 사람과 그를 수호하는 왕자

▶ 당신만의 '비밀 도구'(교토 조형예술대학교 수업에서)

- 테마 : 당신만의 '비밀 도구'(제한시간 10분 / 20조각 이내)

'저거 괜찮네. 저게 있으면 좋겠는데…' 하고 자주 중얼거리는 '비밀 도구'를 만들어 보자. 방식은 동일하다. '어떤 도구가 있으면 편리할까?', '해결해야 할 문제가 뭐지?' 하는 생각은 필요하지 않다. 우선 마음에 드는 조각을 골라서 적당히 조립해 본다. 그것이 무엇으로 보

이는가? '이 부분은 날개 같은데', '이 구멍에서는 무엇이 튀어나올까'
와 같이 어디까지나 시각적 정보를 기점으로 하자. 마지막으로 비밀
도구에 이름을 붙이고 포스트잇에 적으면 완성이다. 작품이 완성되면
반드시 왜 이 작품을 만들었는지 생각하면서 자신의 근원적 욕구를
들여다보기 바란다.

창조의 열정을 이끌어내는 마법의 질문

공상을 이끌어내는 여백과 방법은 분명히 자신 안에 있지만, 그것이 단순한 공상으로 머물러 있는 한 구체적인 사고로 나타나지는 못한다. 비전을 사고 에너지로 바꾸는 데에는 앞서 이야기한 '창조적 긴장'이 필수다. 단순히 이상적인 꿈만 꾸는 것이 아니라 이상과 현실의 격차를 인지할 때 비로소 현실을 바꾸려는 에너지가 생긴다.

이때 필요한 것이 '질문'이다. P&G에서 마케터로 일할 때 '질문'의 힘을 깨달았다. 그 회사는 매년 12월이 되면 한 해 동안의 성과를 정량적으로 분석하고 다음 해의 과제를 설정했다. 과제 설정은 브랜드별로 진행됐는데, 반드시 '질문 형식'이어야 했다. 단순히 '과제 : 현재의 고객이 새로운 시도를 하는 것'이 아니라 '어떻게 하면 고객들이 새로운 시도를 하게 할 수 있을까?' 하는 의문문 형식으로 과제를 설정하는 것이다.

질문 형식은 그것에 답해야 한다는 강제성으로 작용하고, 우리는 그 여백을 채워나가기 위한 구체적인 행동을 고민하게 된다. 특히 조직 차원에서 어떤 하나의 문제를 해결해야 하는 시점이라면 이런 식의 '질문'을 디자인함으로써 팀원들의 시선을 같은 방향으로 향하게 할 수 있다. '질문'은 문제해결형 접근법에도 효과적이지만 비전 사고에 있어서는 그 이상의 효력을 발휘한다.

다만 접근 방식에 따라 질문 형태가 달라진다는 점은 주의해야 한다. 어떤 구체적인 문제의 해결을 목적으로 하는 문제해결형 접근법에서는 '어떻게 하면 ~을 할 수 있을까?(HOW-MIGHT-WE형)'라는 형태의 질문을 던짐으로써 '마이너스를 제로로 끌어올리려는 시도'가 생겨난다. 반면에 공상구동형 접근법에서는 '만약 ~라면 어떻게 될까?(WHAT-IF형)' 형태의 질문을 하게 된다. 전자와 대비하면 이 형식은 '플러스로 끌어올리는 원동력'이라고 할 수 있다.

지금까지 이야기한 방법을 통해 어떤 식으로든 공상을 이끌어냈다면 그것을 부디 WHAT-IF형 질문으로 완성시켜 보기 바란다. '그 공상을 실현하려면 무엇이 필요한가?'가 아니라, '공상이 실현되면 어떤 일이 벌어질까?' 하고, 좀 더 미래지향적인 시각을 추구해 보는 것이다. 단순히 실현 가능성에만 집착하다 보면 그 공상(비전)은 에너지를 잃게 된다.

공상→지각→재구성→표현이라는 네 단계의 비전 사고를 실행할 때 무엇보다 처음이 중요하다. 자신 안에 끓어오르는 공상의 '열량'이 최대한 식지 않도록 하고, 할 수만 있다면 더욱 뜨거워지게 해야 한다. 이 단계에서 얼마나 두근거리고 설렘을 느끼는지에 따라 비전 사고의 최종 도달점은 크게 달라진다.

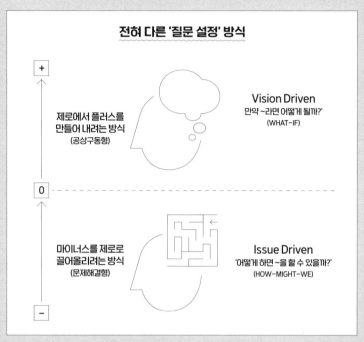

전혀 다른 '질문 설정' 방식

제로에서 플러스를
만들어 내려는 방식
(공상구동형)

Vision Driven
'만약 ~라면 어떻게 될까?'
(WHAT-IF)

마이너스를 제로로
끌어올리려는 방식
(문제해결형)

Issue Driven
'어떻게 하면 ~을 할 수 있을까?'
(HOW-MIGHT-WE)

▶ 문제해결형issue driven 질문과 공상구동형vision driven 질문의 차이

WHAT-IF형을 취하는 비전 사고의 예를 몇 가지 더 소개하려고
한다. 질문 형식은 듣는 사람으로 하여금 생각하게 만든다는 것을 느
낄 수 있을 것이다.

- 만약 모든 사람이 주 3일만 일하게 되는 시대가 온다면, 어떻
  게 될까?

- 만약 평균수명이 1,000세가 된다면, 어떻게 될까?
- 만약 하늘을 나는 자동차가 출시된다면, 어떻게 될까?
- 만약 돈이 없는 세상이 된다면, 어떻게 될까?
- 만약 하루에 100권씩 책을 읽을 수 있다면, 어떻게 될까?

이쯤 되면 슬슬 '이런 질문과 사고가 도대체 무슨 의미가 있다는 건지 전혀 모르겠어!' 하면서 불만을 토로하는 사람이 있을지도 모른다. 평소에 '타인 모드'로 사고하는 습관이 들어버린 사람, 문제해결형 접근법이나 논리적 사고 프로세스에 익숙한 사람일수록 이런 형식에 불쾌감을 느낀다.

이 책은 기존과는 다른 이질적인 사고법으로의 이행을 의도하는 것이기에 불만이 동반되는 건 당연한 현상이라고 생각한다. 그럼에도 극도의 반발심을 호소하는 사람이 있다면 이런 질문을 던져보자. '당신의 공상이 실현되면 어떤 부정적인 결과가 나타날까요?'

자신이 설정한 목표를 좀처럼 달성할 수 없을 때, 심리학에서는 '그것은 본인의 잠재의식이 목표를 달성하는 일 자체를 두려워하고 있기 때문'이라고 설명하기도 한다. 우리 안에는 항상 좀 더 나은 상태를 추구하면서도 커다란 변화를 피하려고 하는 '면역계' 같은 마음도 도사리고 있다.[13] 그렇다면 WHAT-IF형 질문에 대답할 때 플러스가 되는 부분만이 아니라 마이너스가 되는 부분도 확실하게 짚어주는

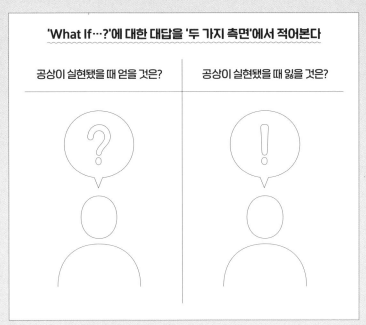

'What If…?'에 대한 대답을 '두 가지 측면'에서 적어본다

| 공상이 실현됐을 때 얻을 것은? | 공상이 실현됐을 때 잃을 것은? |

▶ 당신의 '공상'에 심리적 저항 느끼기

게 좋다. '비밀 도구 프로토타입'의 공상을 WHAT-IF형 질문으로 만들어보자.

공상 질문을 할 때처럼 A4 용지에 큼직하게 질문을 적고, 아래 공백을 좌우 두 개로 나눈다. 왼쪽에는 긍정적인 면에 대한 답을, 오른쪽에는 부정적인 면에 대한 답을 써 내려간다. 이때 부정적인 면이 정말 순수한 의미로 좋지 않은 것인지 한 번 더 살펴본다. 그 과정에서 공상이 더 펼쳐져도 상관없다. 이 단계에서는 평소 현실에 발목 잡힌 발상만 해오던 습관을 버리고, 최대한 멀리까지 사고를 '날려버릴 수 있도록' 노력해 보자.

1 Loewenstein, G.(1994), The Psychology of Curiosity: A Review and Reinterpretation. Psychological Bulletin, 116(1), p75

2 (역주)하늘 아래 권세를 펼친다

3 (역주)구글과 나사가 후원하는 융합 벤처 교육기관

4 기타노 히로아키北野宏明, "'Moonshot형 연구 접근법의 본질이란", SONY 웹페이지. https://www.sony.co.jp/SonyInfo/Jobs/singularityu/interview03

5 목표를 설정하는 제도 그 자체가 인재의 자율성과 창조성을 높이기 위한 것이 되어야 한 다는 생각을 바탕으로 목표관리 제도 자체를 바꾸는 범용성 높은 접근법. BIOTOPE에서 도 도입하고 있다.

6 게리 하멜Gary Hamel, "신세대를 향한 25 과제 : 매니지먼트 2.0", 〈다이아몬드 하버드 비 즈니스 리뷰〉 2009년 4월호

7 프레데릭 라루Frederic Laloux가 내세운 21세기형 조직론. 늘 진화를 지속하려는 목적 evolutionary purpose을 가지면서도 멤버들의 조직성과 자율성을 중시하는 조직 운영 방식. 인터넷 시대에 새롭게 탄생한 조직론이라고 할 수 있다.
  — 프레데릭 라루, 《조직의 재창조-세상을 바꾸는 혁신적 조직 재창조에 대한 이야기ティ ール組織 — マネジメントの常識を覆す次世代型組織の出現》
  — 사소 쿠니타케, "조직의 존재 의의를 디자인하다-퍼퍼스 브랜딩을 실천하기 위해", 〈다이아몬드 하버드 비즈니스 리뷰〉 2019년 3월호

8 스타트업 창출과 사업운영을 지원하는 소니의 'Seed Acceleration Program'은 다양한 신 규 프로젝트 탄생으로 이어지는 동시에, 소니가 전사적으로 '새로운 것을 만들어내자'는 DNA를 회복할 수 있었던 분위기 형성에 공헌했다. 당시 사장의 회고록《소니 사장 "바 닥에서의 부활"을 말하는 히라이 가즈오平井一夫》에서도 서문에 이를 언급하고 있다.

9 디자인계에서는 '어포던스affordance'라는 용어가 주목받고 있다. 이는 미국의 생태심리학 자인 제임스 깁슨James Jerome Gibson이 제안한 개념으로 '환경이 인간이나 동물에게 의미 를 제시하고 행동에 영향을 주도록 하는 것'이라는 의미다. 예를 들면 유리컵은 '차가운 음료를 따르는 것'이라는 동작을 인간에게 어포던스(제시)한다. 이와 마찬가지로 책상 위 에 놓인 새하얀 노트는 '자기 모드로 적는다'는 행위를 우리에게 어포던스한다. 자신의 생 활에 '종이 노트'를 도입하는 것은 '저널링을 위한 어포던스'를 디자인하는 하는 것이다.

10 나는 예전에 아주 좁은 방 안에서 1주일 동안 좌선을 하는 수련회에 참가했다. 그때 '모든 부정적인 감정을 끼적이며 자신을 되돌아보기'라는 코너가 있었는데, 효과는 엄청났다. 힘겨운 일상을 살아가고 있는 분들은 꼭 한 번 해보기 바란다.

11 예를 들면 '연말'은 자신을 되돌아볼 수 있는 최고의 타이밍이다. 친구들과 함께 한 해의 마무리를 하고 싶다면 다음 기사를 참고하면 된다. 사실 이 '되돌아보기' 포맷은 이 기사의 집필자인 요시자와 야스히로吉沢康弘와 해마다 해오던 일을 토대로 작성한 것이다.

    — "비즈니스맨 40인이 극찬한 '한 해 되돌아보기' 완전 매뉴얼"

12 Papert, Seymour.(1980), Mindstorms:Children, Computers, and Powerful Ideas, Basic Books

13 Wilky, B. A.& Goldberg, J.M.(2017), From Vision to Reality:Deploying the Immune System for Treatment of Sarcoma. Discovery Medicine, 23(124), pp.61~74

폴 세잔, <사과와 오렌지>, 캔버스에 유채, 74×93cm, 1895~1900년경

4장

세상을 복잡한
그대로 지각하라

直感

論理
VISION

인상파의 대표적인 화가 세잔은
전 생애를 '보는 것'에 열정을 쏟았다.
사실적으로 묘사할 뿐 아니라,
자신이 보는 대로 충실하게 그려나간다는
개인의 주관성을 그림에 고스란히 담아냈다.

DRIVEN

간단하고 이해하기 쉬운 세계의 문제

오늘날과 같이 정보가 넘쳐나는 시대에는 이해하기 쉬운 것을 '선善'으로 여긴다. 복잡한 일이나 상황을 간결한 표현으로 정리해주는 뉴스 해설자가 인기를 끌고, 난해하고 장대한 고서를 그림이나 만화로 편집한 책들이 베스트셀러가 된다. '이 슬라이드, 아주 간단하네!'라는 말은 칭찬이고, '이 부분은 좀 복잡한데'라는 상사의 말은 수정해야 한다는 의미다. 파워 포인트를 다루는 교본을 보면 대부분 '1 슬라이드, 1 메시지가 기본'이라고 쓰여 있다.

원본이 얼마나 복잡한지와는 관계없이 세부적인 내용을 의도적으로 압축하고 가공한 현실을 선호하는 것이다. '이해하기 쉽다'는 말은 정보가 간단하게 요약돼 있다는 것만을 의미하지 않는다. 예를 들면, 우리는 전혀 관심 없는 정보가 빼곡히 들어 있는 경제신문 〈니케이〉보다 친구나 지인, 유명인사들의 근황이 넘쳐나는

SNS의 타임라인을 즐겨 찾는다. 그쪽이 훨씬 쾌적하기 때문이다. 마찬가지로 아마존의 추천 상품에는 '읽고 싶은 책', '원하는 상품'이 늘어서 있고, 웹 사이트에는 과거에 검색해 본 상품을 근거로 한 '타깃target 광고'가 뜨지 않는 날이 없다. 기술의 발전 덕분에 우리는 안방에서도 세계를 훤히 들여다보고 있다는 기분을 느낄 수 있다. 복잡하고 잡다한 정보가 깔끔하고 간단하게 정리돼 머릿속으로 쏙 들어오는 것만 같다. 분명히 말하지만 그것은 오해다. 우리가 접하고 있는 정보는 개인에게 최적화된 '단편'에 불과하다.

간편하고 이해하기 쉬운 정보를 추구할수록 우리의 시야는 좁아진다. 미국 대통령 선거에서 도널드 트럼프를 지지하지 않는 사람들은 선거 기간 중에 뉴스나 SNS를 보며 '트럼프에 반대하는 사람들이 대부분이야. 설마 그런 사람이 대통령이 될 리 없어'라고 믿는다. 교육을 많이 받은 사람조차 필터로 걸러진 정보를 세상의 전부라고 판단하고, 시야에 들어오지 않는 부분은 '존재하지 않는 것'으로 착각하기 쉽다. 그렇기에 대통령 선거 같은 기회가 없는 한, 세계에 대한 자신의 인식이 왜곡돼 있다는 것을 알아차리기는 어렵다. 정보의 간편화, 고립화 등이 초래하는 더욱 큰 문제는 사고나 발상이 개성을 잃게 된다는 점이다.

역설적이게도 '나만을 위해 선별된 정보'를 접하면 접할수록 개인의 머릿속은 타인과 똑같아진다. 이것을 비즈니스적인 관점에

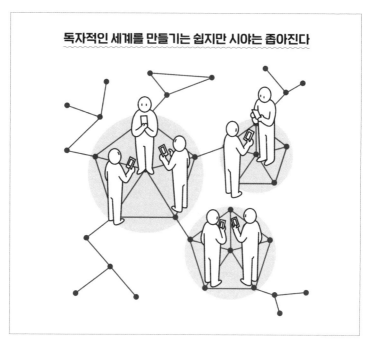

독자적인 세계를 만들기는 쉽지만 시야는 좁아진다

▶ 정보의 간편화가 초래한 '고립'

서 본다면, 피비린내 나는 참혹한 경쟁 속에서 개인의 수준에서는 더 이상의 성장을 기대할 수 없는 정체감을 맛보게 될 뿐이다.

머리를 고립시키지 않는 지각 능력 훈련

여기서 주목해야 할 것이 바로 '지각'이다. 지각perception은 단순히 '뜨겁다', '차다' 같은 감각sensation과 다른 개념이다. 야후 CSO 이자 뇌신경과학자이기도 한 아타카 가즈토安宅和人는 지각에 대해 이렇게 말한다.

"아주 간단하게 말하면 지각은 대상의 의미를 이해하는 것이다. 좀 더 자세하게 표현하자면, 자신의 주변을 이해하기 위해 지각 정보를 통합하고 해석하는 것이다. 카메라를 기록장치라고 알고 있는 것은 '지각'이 아니다. (중략) 인간은 가치(의미)를 이해하고 있는 것에 대해서만 지각할 수 있다. 지각의 범위는 그 사람의 이해력 자체다."[1]

동일한 가치를 지닌 대상으로부터 만들어낼 수 있는 의미는 본래 사람마다 다르다. 예를 들어, 전쟁터에서 병사들의 생사를 가르는 것은 (운이 좋은 것을 제외하면)오감으로 얻을 수 있는 지극히 제한된 정보나 지금까지 배우고 접해온 것들을 통해 내리는 판단이다. 시력과 청력이 뛰어난 것만으로는 안 된다. 특히 학교에서의 성적과 '살아남을 수 있느냐 없느냐'는 아무런 관계가 없다. '앞으로 나아갈 것인가, 뒤로 물러날 것인가, 아니면 지하에 숨어 있어야 하는가'에 대한 상황판단의 우열은 정보에서 독자적인 의미를 만들어내는 '지각 능력'이 좌우한다. 이런 면에서 볼 때 정보의 고립화란 지각 능력을 잃은 상태며, 눈 가리고 귀를 막은 채로 전쟁터에 뛰어드는 병사와 같다. 무선으로 전달되는 명령에 따르는 병사들은 모두가 똑같은 행동을 할 수밖에 없으므로 전멸할 위험이 크다.

기술이 가져다주는 간편하고 이해하기 쉬운 세계에서 비롯된 고립화를 피해 자신의 관점에서 생각하는 일에 관심을 갖고 있는 우리에게 지각 능력은 결정적이고 중요한 의미를 갖는다. 자신의 깊은 곳에서 우러나온 비전을 단순한 '공상'으로 내버려두지 않고 현실을 움직여나갈 아이디어로 다듬으려면 지각을 통한 통합과 해석은 필수다.

어림잡기의 고수로 거듭나기 위한 센스 메이킹

이 능력은 경영과 매니지먼트 분야에서도 다시 주목을 받고 있다. 대표적인 것은 조직심리학자 칼 와익 박사를 중심으로 형성된 '센스 메이킹 이론'이다. 이는 외부세계를 '느끼고sense' 그 중에서 고유한 '의미sense'를 만들어내는 행동 모델이다. 특히 극심한 변화와 고도의 불확실성의 소용돌이 속에 있는 VUCA 시대에는 의미를 발견하는 능력이야말로 조직의 리더가 갖춰야 할 자질이다. '지금 어떤 일이 일어나고 있는가', '우리는 누구인가', '우리는 어디로 향하고 있는가' 등에 대한 해답을 리더가 자신의 관점에서 해석해 전달하지 않는다면 조직원이나 관계자들을 납득시킬 수도, 그들을 움직여 이끌고 나갈 수도 없다.[2]

한정된 정보 안에서 '지금 전쟁터에서 무슨 일이 일어나고 있는가', '어떻게 해야 하는가' 등을 센스 메이킹(의미 발견)할 수 있는 지휘관만이 수많은 병사들의 생명을 구할 수 있다.

"단순해야만 이해할 수 있다고 단정지은 것은 누구인가? 복잡한 것은 복잡한 대로 수용하고 자신만의 이해 과정을 구축해가야 한다. 이는 아기들도 할 수 있는 일이다."

지각 능력을 훈련해야 한다는 말에 몸이 움츠러든 사람이라면 이 말을 진지하게 음미해 보기 바란다. 네트워크 이론을 연구하는 뉴욕 주립 빙엄턴 대학교 교수인 복잡계 과학자 사야마 히로키佐山弘樹에게 이 말을 듣고는 정신이 번쩍 들었다. 주변에서 일어나는 일을 그대로 받아들이고 그에 대해 의미를 찾아나가는 센스 메이킹 프로세스는 누구나 아기 때부터 해오던 일이다.

눈을 뜨니 갑자기 새하얀 안개 속에 서 있었다고 생각해 보자. 우리는 필사적으로 눈을 동그랗게 뜨고 무언가 이 상황을 이해할 수 있을 만한 실마리를 찾으려 애쓸 것이다. 또는 팔을 뻗어 손에 잡히는 것은 없는지 더듬어보기도 하고 소리가 울리는 상태를 살려보려 할지도 모른다. 땅의 촉감은 어떤지, 바람의 흐름은 어떤지, 온도 변화가 있는지 등 오감을 총동원해서 '나는 아무래도 이런 상황에 있는 것 같아'와 같이 상태를 이해해 나간다.

하지만 언어와 지식을 습득하고 경험을 쌓아나감에 따라 우리는 지각 능력을 사용하지 않고도 살아갈 수 있게 된다. 사야마 교수는 '시각장애를 가진 사람의 3차원 지각 능력은 그렇지 않은 사람보다 훨씬 뛰어나다'고 말한 바 있다. 시각에 의존할 수 없는 사람은 눈 이외의 기관을 통해 얻을 수 있는 감각 정보나 경험치를 해석해 주변 환경을 이해하려 한다. 하지만 눈이 보이는 사람은 그렇게 하지 않아도 길을 잃거나 무언가와 부딪히지 않는다. 지각 능력이 둔해지는 이유가 여기에 있다.

센스 메이킹의 세 단계

이렇듯 우리 인간은 원래 센스 메이킹 능력 또는 지각 능력을 갖고 있다. 그 힘을 되찾아 단련하려면 어떻게 해야 할까? 이 능력을 분해하면 지각 능력은 크게 세 단계로 이루어진다고 할 수 있다.

1. 감지 : 있는 그대로 본다.
2. 해석 : 입력된 내용을 자기 나름의 프레임으로 정리한다.
3. 의미 찾기 : 정리를 통해 떠오른 생각에 의미를 부여한다.

만약 무언가를 제대로 지각하기 어렵다면 이들 중 어느 한 가지 단계가 막혀 있다고 보면 된다. 이런 경우, 지각 능력을 방해하는 조건을 하나씩 제거해 그 능력을 다시 발현시키도록 해야 한다.

우선 앞서 이야기한 시각장애인 이야기에서 알 수 있듯 풍부한 감각 정보를 얻고 있는 사람일수록 오히려 대상을 있는 그대로 느끼기 어렵다. 그렇기에 가능한 기존의 해석 프레임을 사용하지 않고, 오감을 모두 사용해 사물을 '잘 느끼고 있는 그대로 보는' 훈련

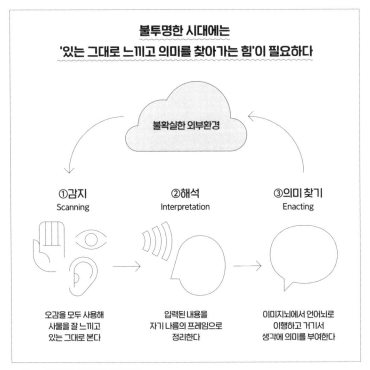

▶ 센스 메이킹의 세 가지 프로세스

이 필요하다. 또 실제로 해석을 할 때도 급작스럽게 언어로 정리하려고 해서는 안 된다. 감지한 내용 대부분을 줄이고 깎아버리는 언어화는 마지막 스텝으로 남겨둔다. 그 전에 '언어를 사용하지 않고 하나의 전체적인 덩어리로 해석하는 단계'가 필요하다. 이때 효과적으로 사용할 수 있는 것이 '그림으로 생각하기'다. 사고는 전체적인 덩어리만으로 발생하지 않는다. 그런 상황에서 이름을 붙이고 언어화하는 것은 당연히 불가능하다. 비전 사고는 언어뇌와 이미지뇌 모두를 활용하는 양뇌 사고라는 것을 반드시 기억하길 바란다.

특히 조직이나 팀에서 리더십을 발휘해야 하는 사람이라면 다른 사람들에게 자신의 생각을 납득시켜야 하기 때문에 이 과정은 필수다. 계속해서 각각의 능력을 훈련하기 위한 구체적인 팁을 소개하려 한다.

언어 모드를 끄고 있는 그대로 자세히 보기

한자를 골똘히 바라보고 있으면 그것이 어떤 도형처럼 보일 때가 있다. 평소엔 일정한 의미를 가진 기호였는데 갑자기 의미와 동떨어진 기묘한 모양으로만 보인다. 이런 현상은 뇌의 '모드 체인지'로 이해해 볼 수 있다. 일반적으로 우리가 문자를 접할 때는 언어

Kaninchen und Ente.

▶ 무엇으로 보이나요?

뇌가 활성화된다. 하지만 어떤 자극이 가해져 이미지뇌로 전환되면 문자는 의미를 잃고 신비로운 선의 집합으로 보인다. 이것이 바로 '있는 그대로' 보는 상태다. 위의 그림을 보자. 이 그림이 오리로 보였는가? 어느 연구에 따르면 오리로 보이는 사람은 언어뇌가, 토끼로 보인 사람은 이미지뇌가 우세하다고 한다.

스마트폰으로 왼쪽 QR 코드를 인식하면 인형이 빙글빙글 돌고 있는 동영상으로 연결될 것이다. 인형이 '시계 방향'으로 회전하는 것처럼 보인다면 우뇌가, '시계 반대 방향'으로 회전하는 것처럼 보인다면 좌뇌가 우세하다고 한다(아무리 해도 모드 체인지가 안 된다면 우측 QR 코드도 읽어 보기 바란다).

사람에 따라 어느 한쪽의 뇌가 더 우세한 경향이 있다고는 하지만 뇌의 모드는 결코 고정적이지 않으며 언제든 바꿀 수 있다. 디자인을 잘하는 사람은 의식적으로 좌뇌 모드와 우뇌 모드를 옮겨 다닌다. 정확한 디자인을 할 수 있는 사람은 이미지뇌 모드를 유지하면서 대상을 눈에 보이는 대로 그려낸다. 하지만 '보이는 대로 그린다'는 것은 생각보다 어렵다. 많은 사람이 그림을 그릴 때도 언어뇌 모드가 활성화돼 '있는 그대로 보는 것'에 방해를 받기 때문이다. 아래 그림은 약 10년 전쯤, 그림 그리기 워크숍에 참가했을 때 그린 자화상이다. 왼쪽이 워크숍 시작 전에 그린 것이고 오른쪽은 종료 이후에 그린 그림이다. 여기서 주목해야 할 것은 그림 실력이 아니라 각각의 그림을 그릴 때 일어난 '시각의 변화'다.

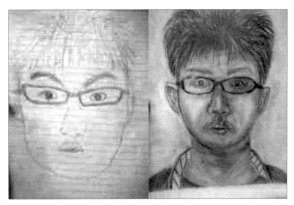

▶ 저자의 자화상 : (좌) 워크숍 참가 전 / (우) 워크숍 참가 후

왼쪽의 그림을 그릴 때는 시각을 최대한으로 사용하지 않았다는 걸 알 수 있다. 이를테면 안경을 검은색으로 칠하긴 했지만 이는 시각 정보 대신 '안경은 검은색'이라는 '이해'를 활용한 것이다. 하지만 워크숍에 참여한 후 안경을 자세히 관찰해 보니 일부분에 빛이 반사된다는 것을 알았다. 그 결과 오른쪽 그림의 안경에는 그 부분을 흰색으로 표현했다.[3]

요약하자면, 양쪽 그림은 정보의 그물코가 얼마나 정밀한가에 따라 차이가 나타났다. 실제로 그 워크숍에서는 그림 기법에 대한

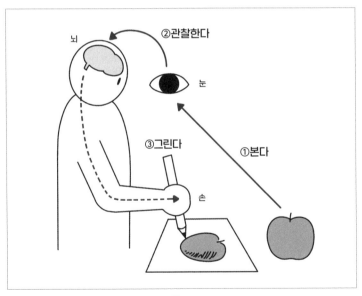

▶ 멋진 디자인은 어떤 과정으로 탄생하는가?

강의 내용은 전혀 없었고 오로지 '그리는 대상을 잘 관찰하기', '보이는 대로 그리기'에 대한 훈련만 이뤄졌다.

나 역시 이 워크숍에 참여하기 전에는 전혀 그림 실력이 없다고 생각했다. 하지만 그림을 못 그리는 사람의 절반 이상은 있는 그대로 보고 관찰하는 일에 서툰 것뿐이라는 사실을 알게 됐다. 대상을 있는 그대로 보기 위한 훈련을 하면 어느 정도 수준까지는 그림 실력을 끌어올릴 수 있다. 이런 변화를 경험할 수 있는 훈련법 몇 가지를 소개하려 한다.

페트병 스케치로 체험하는 모드의 전환

연필, 지우개, 종이를 준비한다. 가능하면 A3 사이즈 정도의 큰 스케치북을 사용하자. 지각의 해상도를 높이고 싶다면 캔버스(여백)는 클수록 좋다. 계속해서 소개할 훈련법에서도 스케치북이 등장하므로 이 단계에서 미리 준비할 것을 권한다.

우선 물이 든 페트병을 그려보자. 표면의 라벨을 제거해 투명한 상태로 만들어준다. 다른 것에 주의를 빼앗기지 않고 최대한 빨리 스케치하는 게 중요하다. 그 다음에는 페트병을 눈앞에서 치우고 머릿속에 입력된 이미지를 떠올리며 세부적인 표현을 더한다. 제한시간은 2분이다.

다시 페트병을 꺼내 새로운 도화지에 잘 '관찰'하면서 그린다. 1분 정도 손을 움직이지 않고 충분히 관찰하는 시간을 갖는다. 물이 든 페트병의 형상은 물론 빛의 반사 지점이나 그림자가 지는 부분을 잘 관찰해 보이는 대로 최대한 상세하게 표현한다.

절대 '대충 이런 느낌이겠지' 하는 생각으로 그려선 안 되고 자신의 눈이 어떤 정보를 받아들이고 있는지에 집중하도록 한다. 하지만 스케치 자체가 목적이 아니라 이미지뇌로 보기 위한 연습 과정이므로 그림을 완성하는 데 필사적으로 매달릴 필요는 없다. 대략 10분 정도의 시간을 정해두고 시도해 보면 좋을 듯하다. 마지막으로 두 그림을 비교하면서 시각 정보의 여부에 따라 결과의 수준이 전혀 다르다는 것을 체감해 보자.

언어뇌를 차단하는 거꾸로 스케치

예술적 감각을 훈련한 후에 하는 작품 감상이 효과적이라는 것은 이미 잘 알려진 사실이다. 감성뿐 아니라 독창성도 높이고 싶다면 예술 작품을 따라 그리는 것도 좋은 방법이다. 꾸준히 작품을 보고 감상하면 실질적인 기술은 물론, 다양한 시점을 배우고 생각의 깊이도 깊어지는 등 복합적인 효과가 있다.

예술에 관한 인지과학적, 심리적 연구를 하는 동경 대학교의 오카다 다케시岡田猛 교수팀은 독창성에 관한 실험을 진행했다. 미술계열이 아닌 일반 학부 학생들을 두 그룹으로 나눠 한 그룹에게는 사전에 예술 작품을 몇 번 따라 그리도록 했다. 그 결과 그림을 따라 그리는 연습을 한 그룹이 그렇지 않은 그룹보다 더 독창적인 그림을 그렸다.[4]

물론 갑자기 예술가의 작품을 따라 그리기란 쉬운 일이 아니다. 이때 추천하고 싶은 연습법이 '거꾸로 스케치'다. 좋아하는 그림을 하나 골라 거꾸로 놓아보자. 한자를 골똘히 들여다볼 때 의미 붕괴가 일어나 단순한 선으로만 보였던 것처럼, 그 그림 역시 의미 없는 선이나 색의 모임으로 보이게 될 것이다. 눈에 보이는 것이 기존 카테고리 안에서 이해될 때 우리는 즉시 언어뇌를 활성화시킨다. 그렇기에 원래의 그림은 당연히 한 '남성'으로 보일 테다. 하지만 그림을 거꾸로 돌려버리면 본래의 의미를 무너뜨릴 수 있다. 이미지너를 활성화시킨 채 그것이 선의 집합으로 보이도록 유지하면 보이는 대로 그릴 수 있게 된다.

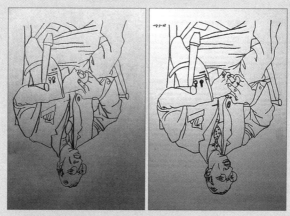

▶ 피카소의 데생을 대상으로 한 거꾸로 스케치

이 방법을 사용하면 의외로 쉽게 모작을 할 수 있다. 따라 그리는 대상은 만화 캐릭터여도 좋다. 아이가 있다면 함께 그림책이나 만화를 거꾸로 놓고 그리는 연습을 해보자. 어른과 아이 모두에게 효과적인 훈련법이다.

하루 동안 이미지뇌를 유지하는 컬러 헌트

지금까지는 주로 형상에 주목했는데 색채에 관한 지각 능력도 훈련을 통해 향상시킬 수 있다. 우리는 너무 당연하게 색채의 세계에서 살고 있다. 언어뇌가 열린 동안에는 주변의 대부분을 추상적으로 인지하고 색채의 미세한 차이에는 크게 주의를 기울이지 않는다. 그렇기에 그 부분에 대해 의식하는 것만으로도 지각 능력을 높이는 데 큰 도움이 된다. 이때 시도하면 좋은 훈련법이 '컬러 헌트'다.

우선 아침에 일어나자마자 '그날의 색'을 정한다. 만약 그날의 색을 '빨간색'으로 정했다면 집 안, 전철, 식당, 사무실 등 모든 상황과 공간에서 빨간색을 찾아보고 발견하면 사진으로 담아둔다. 스마트폰 갤러리에 '색상별 앨범'을 만들고 색상별로 사진을 저장하면 편하다. 인스타그램을 하는 사람이라면 '#colourhunt', '#red' 등의 해시태그와 함께 포스팅을 해두면 관리하기가 쉽다. 저장한 사진을 보면 빨간색이라도 채도나 명도에 따라 차이가 크다는 것을 발견할 수 있을 테다.

컬러 헌트를 활용해 '늘 색을 찾는 상태'가 습관화되면 종일 이미지뇌를 유지할 수 있다. 촬영한 사진의 색을 해석하고 컬러 팔레트로 추출하는 기술도 나와 있으니 활용해 봐도 좋겠다.

- 애플리케이션 : Adobe Capture CC의 iOS 버전과 안드로이드 버전 무료 애플리케이션은 색상뿐 아니라 형상도 해석해준다.
- 웹 사이트 : 'color hunter' 사이트(http://www.colorhunter.com)에서 는 일정한 색을 포함한 사진을 검색할 수 있고, 자신이 올린 사진의 색을 해석해서 HTML 컬러 코드로 변환할 수도 있다.

그림으로 생각하며 해석하기

이미지뇌를 풀가동해 외부세계의 정보를 있는 그대로 입력하고 출력하는 '센스 메이킹'의 과정을 이해했다면 다음 프로세스는 입력된 정보의 '해석'이다. 오감을 통해 얻은 정보를 자기 나름의 시점으로 해석하려면 '자신의 머릿속을 있는 그대로 출력해서 생각하는 것'과의 자연스러운 연계가 필요하다.

일반적으로 '출력'이라고 하면 어떤 언어적 표현을 떠올리기 쉬운데 이 단계에서는 언어 대신 '그림'으로 생각하는 것이 효과적이다. 절대 어렵지 않다. 한 마디로 '낙서'를 하면 된다. 스탠포드 대학교의 '양뇌 사고' 기초를 닦은 로버트 맥킴은 창조적인 문제 해결의 핵심으로 '보는 것', '이미지화 하는 것'과 아울러 '그리는 것'을 제시한다.[5]

아인슈타인 박사도 사고의 초기 단계에서는 주로 시각적 이미지를 사용했다는 기록이 있다. 그의 노트를 보면 처음엔 알아보기 어려운 도형 같은 것들이 어지럽게 그려져 있고, 거기서 수식과 언어가 연결돼 나온다고 한다. 아인슈타인뿐 아니라 천재라고 불리는 과학자들은 구체적인 발견에 앞서 꼭 '그림'을 그리곤 했다.[6]

스케치는 이미 성립돼 있는 아이디어를 기록하기 위한 것이 아니다. 머릿속에 있는 '아직 윤곽이 없는 어렴풋한 무언가'를 스케치하는 자체가 사고의 수단인 것이다.

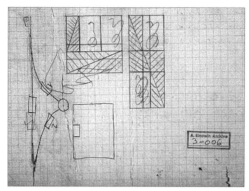

▶ 아인슈타인의 노트[7]

애매하고 정리가 되지 않는 단편적인 생각일지라도 우선은 표나 그림으로 표현을 해보자. 종이 위에 나타난 스케치를 다시 한번 객관적인 시각에서 바라보면 새로운 '발견'을 할 수 있다. 실제로 프로 디자이너와 디자인을 전공하는 학생들을 비교한 연구 결과를 보면, 프로는 일단 자신이 출력한 것을 처음의 의도대로 두는 것에서 끝내지 않고 객관적으로 재해석하는 능력이 뛰어났다고 한다.[8] 생각을 갑자기 언어로 표현해버리면 더는 전진하지 못한다. 어렴풋한 사고를 어렴풋한 시각 정보에 그대로 노출시키는 것이 중요하다. 다음은 그것을 위한 연습이다.

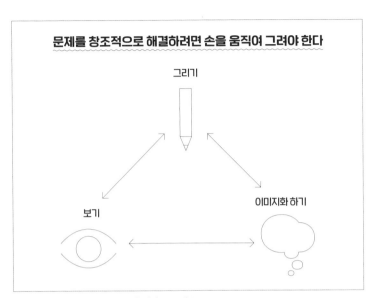

문제를 창조적으로 해결하려면 손을 움직여 그려야 한다

그리기

이미지화 하기

보기

▶ 양뇌 사고의 뿌리를 이루는 세 가지 프로세스

공상을 한 장의 그림으로 표현하는 비전 스케치

공상(비전)을 한 장의 그림으로 정리해 보자. 준비물은 A4 용지 한 장과 스케치북. '1,000억 엔이 생긴다면?' 같은 '공상 저널링'을 활용해도 좋다. '비밀 도구 프로토타입'에서 생각한 구체적인 사물이 있다면 훨씬 그리기 수월할 것이다.

먼저 A4 용지에 대충 스케치를 한다. 맨 처음 떠올랐던 것, 중요한 것 등은 종이 한가운데에 자세하게 그린다. 그곳이 어떤 장소인지, 어떤 사람이 어떤 표정을 짓고 있는지와 같은 주변 상황도 구체적으로 그려 넣는다. 장면이 여러 개 떠오를 때는 나머지 장면을 용지 가장자

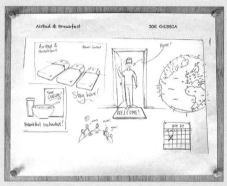

▶ 공상을 한 장의 그림으로 그리는 '비전 스케치'[9]

리에 그려 넣도록 한다.

A4 용지에 그리는 것은 어디까지나 밑그림이므로 지우개는 사용하지 말고 생각의 흐름을 따라 연필을 움직여보자. 다른 사람에게 보여줄 일은 없으니 잘 그리려고 노력할 필요도 없다. 자신의 머릿속에 있는 이미지를 종이에 그대로 옮겨보는 게 목적이다.

스케치가 대충 끝나면 이번에는 스케치북에 정돈된 선으로 그려보자. 이번에도 연필을 사용하면 되는데 메인이 되는 부분의 윤곽에 두꺼운 펜을 사용하면 그림에 입체감이 생겨서 훨씬 보기가 좋다.

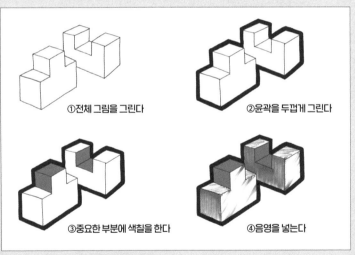

①전체 그림을 그린다

②윤곽을 두껍게 그린다

③중요한 부분에 색칠을 한다

④음영을 넣는다

▶ 누구나 따라할 수 있는 스케치 요령[10]

이미 언급했듯이 비전 사고에서 중요한 것은 완성품을 뚝딱 만들어내는 것이 아니라 미완성의 프로토타입을 여러 차례 반복하는 사이클이다. 무조건 한 번으로 끝내려 하지 말고 최소한 '밑그림 그리기→정돈된 선으로 옮겨 그리기'의 과정을 두 사이클 이상 반복해야 한다. 그렇게 하면 뿌옇기만 하던 생각이 좀 더 또렷하게 윤곽을 드러내기 시작하는 것을 느낄 수 있을 것이다. 그림 그리기에 스트레스를 받는다면 기술의 힘을 빌리는 방법도 있다.

Google AutoDraw는 사용자가 손으로 그린 선의 패턴을 인공지능이 해석해 유사한 클립아트를 추천해주는 무료 서비스다. 아직 독창성의 측면까지 기대하기는 어렵지만 기능적으로는 꽤 신선하다.

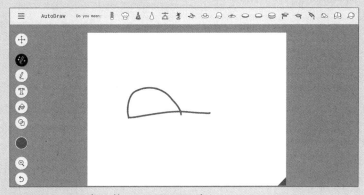

▶ Google AutoDraw(http://www.autodraw.com)

1 단어 1 그림의 시각화 트레이닝

머릿속 이미지를 그려내는 훈련으로 추천하고 싶은 방법이 있다. 종이와 사인펜을 준비하고 단어 하나를 랜덤으로 선택한다. 순간적으로 떠오르는 단어도 괜찮고 지금 읽고 있는 책이나 국어사전을 펼쳐 하나를 골라도 좋다. 영어 단어로 시험해 보는 것도 남다른 재미가 있을 듯하다.

요령은 간단하다. 선택한 단어를 표현하는 그림을 그리기만 하면 된다. 될 수 있는 한 고민하지 말고 머릿속에 떠오르는 이미지를 자유롭게 그려보자. 멈추지 말고 손을 계속 움직이는 데에 집중하도록 한다.

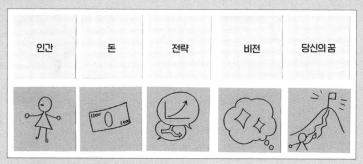

▶ 단어를 그림으로 표현하는 시각화 트레이닝

공간을 활용하거나 선의 굵기를 바꾸고 채도에 대한 연구도 해가면서 그리다 보면 표현 수단에서 다양한 발견을 기대할 수 있을 것이다. 포스트잇에 그려서 스케치북에 나란히 붙이는 방법도 신선하다.

평소 자연스럽게 사용하던 단어를 그림으로 표현해 보면 '예상치 못한 나만의 관점'을 발견할 수 있다. 워크숍 등에서 '전략'이란 단어를 시각화해 보라고 하면 '선택 항목'에 대한 내용을 그리는 사람도 있고 '경쟁 상태'를 그리는 사람도 있다. 단어를 그림으로 그리는 훈련을 통해 자신의 무의식에 자리한 편견이나 선입견을 깨닫게 되기도 한다.

두 가지 모드를 왕복하며 의미 부여하기

센스 메이킹의 마지막 스텝은 자기 나름의 해석에 '의미'를 부여하는 것이다. 주관적인 이미지로 인식하고 있던 세계를 타인과 공유하려면 '언어화' 작업이 필요하다. 이때 참고할 수 있는 방법이 그림과 단어를 왕복하는 사고법이다. 트렌드와 관련된 방대한 양의 사진을 수집해 벽에 붙인 후, 각각의 사진에 캡션을 달면서 이노베이션의 원천을 찾아나가는 훈련은 디자인 기업에서는 이미 일반화돼 있다.

전략 디자인 기업을 운영하면서도 브랜드 디자인 관련 의뢰가 들어오면 해당 기업 직원들과 함께 비주얼 카드를 활용한 트렌드 검토를 진행하곤 한다. 국내나 해외의 다양한 최첨단 라이프스타일을 보여주는 사진을 모아 카드집을 만들고 그 사진들에서 힌트를 얻어 새로운 아이디어를 짜낸다. 이 방법은 소니에서 글로벌 전략 프로젝트에 참여했을 때 처음 경험했다.

당시에는 현장 실습으로 리서치를 시작했다. 타깃 고객층에 속하는 고객의 집에 머물며 라이프스타일을 직접 체험했는데, 살아 있는 생생한 정보를 축적하는 데에는 최고의 방법이다. 이 프로젝트의 방대한 정보량은 정말이지 인상적이었다. 현장에 나갈 때마다 쌓이는 인터뷰의 양도 어마어마했다. 거기에 몇백 장이 넘는 사진 데이터까지 들고 돌아와 분석하다 보면 시각을 이용한 사고의 힘이 대단하다는 생각이 들곤 했다.

사진을 모두 출력해 커다란 보드에 붙이면서 회의를 하면 팀원 개개인의 이해도가 높아져 팀 차원의 논의의 구체성도 크게 향상된다. 그 방대한 정보를 파워포인트나 엑셀 정리로만 끝냈다면 이런 효과를 보기는 어려웠을 테다. 이 정보를 구체적인 기획으로 실행해 나가려면 역시 '언어'의 힘을 빌리지 않을 수 없다.

▶ 사진 속에 숨겨진 의미를 읽고 파헤치는 트렌드 리서치의 예

시각 정보는 사고를 발산하는 데 매우 유용하지만 논의를 수습해나갈 때는 언어로 정보를 압축하는 작업이 필요하다. 그럴 때는 사진을 몇 개의 그룹으로 묶어본다거나 위아래로 배치한 다음 포

스트잇에 키워드를 적어 사진 옆에 붙인다. 그렇게 하면 각각의 사진이 가진 의미가 명확해진다. 그중에서 새로운 발견을 해내면 사진의 배치를 바꿔 또 다른 포스트잇을 붙인다. 그렇게 하면 정리의 정밀도와 의미가 한층 명확해지는 것을 느낄 수 있다. 이때 중요한 것은 두 가지다.

1. 우선은 시각만 활용하는 훈련부터 시작한다.
2. 언어와 시각의 사용을 왕복한다.

반드시 사진의 시각 정보를 선행하게 하고 그 단계에서는 언어 요소를 최대한 배제하는 편이 좋다. 하지만 거기서 그치면 사고나 논의가 뿔뿔이 흩어진 채로 끝나버릴 위험이 크다. 그러므로 포스트잇에 키워드를 적어서 시각 정보 사이에 '경계선'을 넣어주면 효과적이다. 물론 여기서 끝이 아니다. 정리가 진행되면 다시 시각 모드로 돌아와서 새로운 발견이 없는지 살펴봐야 한다. 언어와 이미지를 왕복하는 것이 중요하다는 뜻이다. 시각 정보를 '키워드'로 변환하는 훈련법은 다음과 같다.

모드 전환 능력을 높이는 클라우드 힌트

이미 소개한 '거꾸로 스케치'는 무의식중에 언어뇌가 켜지는 것을 막고, 가능한 이미지뇌 상태에서 대상을 입력하는 것을 목적으로 한다. 반대로 여기서는 시각 정보 입력에서 출발해 의도적으로 언어와 연결하는 훈련을 해보려 한다.

우선 다음의 그림을 보자. 이 불규칙한 선과 점이 뱀이나 여우로 보이는 사람은 모드 전환이 활발한 사람이다. 언뜻 보면 무의미한 도형이지만 뇌가 마음대로 보조선을 그으며 하나의 형태를 구성함으로써 '이것은 뱀이야', '이것은 여우야' 하는 식의 해석을 가능하게 하는 것

▶ 무엇으로 보이나요?[11]

이다. 시각에서 언어로 스위치를 전환하는 힘을 기르고 싶을 때 추천하는 방법은 '클라우드 헌트'다. 누구나 어릴 때 구름을 바라보며 '저 구름은 공룡처럼 생겼어!'라고 생각했던 경험이 있을 것이다. 바로 그 감각을 일상생활에 도입해 보자.

다음의 두 사진은 문득 하늘을 올려다봤을 때 구름이 인상적이라 찍은 것이다. 나는 저 구름들이 '하트'와 '용의 옆모습'으로 보였다. 어떤 형태를 떠올렸을 때 마음속으로만 생각하지 말고 구체적인 언어로 표현하는 과정을 밟아보자. 사진을 찍어 인스타그램 등에

▶ 저자가 촬영한 클라우드 헌트용 사진

'#cloudhunt #도심에_나타난_붉은_용'과 같은 식으로 해시태그를 걸어 포스팅하는 방법을 활용하는 것도 좋다. 어른이 되면 좀처럼 하늘을 올려다볼 일이 없어진다. 분주한 일상에 '지각知覺 캔버스'라는 '여백'을 만든다는 의미에서도 일석이조가 되는 연습이다.

지각 능력을 훈련하는 무드 보드

앞서 소개한 비주얼 카드를 활용한 트렌드 리서치를 직접 해보자. 일주일 정도 기간을 정해 매일 인상적인 장면이나 사물을 촬영한다. 입고 싶은 옷, 나무 그늘에서 쉬고 있는 비둘기, 신경을 거슬리게 하는 전철 속 광고들, 맛있었던 식당, 신제품 초콜릿, 멋진 자동차, 노을이 질 무렵의 가로수 등 뭐든 좋다. 그중 특히 마음에 드는 사진 여덟 장 정도를 출력해 스케치북 위에 늘어놓는다. 사진을 그룹으로 묶을 수 있으면 분류해서 배치하고 스케치북에 붙인다.

그런 다음 포스트잇을 준비해 각각의 사진이 마음에 든 이유를 언어화한다. 긴 문장으로 쓰지 말고 인스타그램 해시태그 형식의 키워드 몇 개로 적는 것이 좋다. 마지막으로 사진 전체를 바라보며 자신의 관심이 어떤 분야에 집중돼 있는지, 지금까지 출력한 '공상'과 어떤 접점이 있는지 생각해 본다.

디자인 업계에서는 이 작업을 '무드 보드'라고 부른다. 아이디어가 필요할 때 유용한 방법이다. '무드 보드'는 개인의 '무드', 즉 관심사나 공상을 가시화하는 데 도움이 된다. 되도록 인쇄한 사진으로 하는 편이 좋은데, 그 작업이 부담스럽다면 디지털 형식의 무드 보드를 만들어주는 서비스를 활용해도 괜찮다. 'Niice'라는 애플리케이션이 있는데 브라우저 버전(niice.co)도 있으니 편한 방식으로 활용해 보자. PDF로 다운로드하는 것도 가능하다.

지각 능력을 높이려면 시각뿐 아니라 운동감각과 청각 스위치를 의식적으로 켜놔야 한다. 일상에서 마음이 움직이는 대로 사진을 찍어서 저장해 놓는 습관은 그냥 지나쳐버릴 뻔한 장면 앞에 저절로 멈춰 서는 훈련으로 이어진다. 그렇게 멈춤의 '여백'이 만들어지면 주변의 잡음이나 이야기 소리, 온도, 습도, 지면의 느낌, 사람들과의 관계 등에도 마음이 머무를 수 있도록 연습해 보자. 그러려면 산책을 하거나 걷는 습관을 들이는 게 가장 좋다. 건강을 위한 조깅도 좋지만 특정한 목적 없이 터벅터벅 걸어보는 여백을 자주 확보할 수 있으면 좋겠다. 이때도 역시 스마트폰의 스케줄 애플리케이션을 활용해 반복적인 일정으로 잡아두자.

▶ BIOTOPE의 무드 보드

1 아타카 가즈토安宅和人, "지성의 핵심은 지각에 있다", 〈다이아몬드 하버드 비즈니스 리뷰〉 2017년 5월호

2 리야마 아키에入山章栄, "'미래는 만들어 낼 수 있다'는 말은 절대적이지 않다", 〈다이아몬드 하버드 비즈니스 리뷰〉 2016년 10월호

3 이 내용에 흥미가 있는 사람은 다음 저서도 읽어보기 바란다. 당신이 사용하지 않았던 뇌의 가능성에 대한 새로운 문이 열릴 것이다 : 베티 에드워즈, 《오른쪽 두뇌로 그림그리기》, 나무숲, 2015

4 이시하시 겐타로石橋健太郎·오카다 다케시岡田猛, "다른 사람의 작품을 모방함으로써 회화적 창조를 촉진", 〈인지과학〉 2010년 17권 1호, pp.169~223

5 Robert Mckim(1980), Thinking Visually: A Strategy Manual for Problem Solving, LifeTime learning Publications

6 무라야마 히토시村山斉, "천재들이 수식 전에 반드시 '그림'을 그리는 이유 : '스위치'로 새로운 법칙 떠올리기", 프레지던트 온라인, 2017년 8월 26일

7 Norton, J. D, "A Peek into Einstein's Zurich Notebook", pitt.edu, last modified June 20, 2012, http://pitt.edu/~jdnorton/Goodies/Zurich_Notebook/index.html

8 Suwa, M., &Tversky, B.(1997), What do Architects and students Perceive in their Design Sketches? A Protocol Analysi, Design Studies 18(4), pp.385~403

9 http://blog.btrax.com/jp/airbnb-storyboard

10 제임스 깁슨James Gibson·고바야시 시게루小林茂·스즈키 노부야鈴木宣也·아카바네 도오루赤羽亨, 《아이디어 스케치 : 아이디어를 '양성'하기 위한 워크숍 실천 가이드アイデアスケッチ―アイデアを〈醸成〉するためのワークショップ実践ガイド》, BNN 신사

11 Robert Mckim, Experiences in Visual Thinking:General Engineering, Brooks/Cole

4장 세상을 복잡한 그대로 지각하라

파블로 피카소, <아비뇽의 처녀들>, 캔버스에 유채, 243.9×233.7cm, 1907년

5장

평범함을 극복하는
재구성의 기법

입체파 화가로 유명한 피카소는
이렇게 말했다. "나는 대상을 보이는 대로가
아니라 내가 생각한 대로 그린다."
인상파가 개척한 주관적 회화 기법에
영향을 받은 그는, 거기서 더 나아가
자기 나름으로 재구성해 표현하는 방식을
확립했다.

별것 아닌 공상에서 시작하자

지금까지 '자기 모드'로 사고하려면 주관적인 공상을 그대로 출력한 후 그 해상도를 올려나가는 순서를 밟는 게 효과적이라는 내용을 살펴봤다. 하지만 이것을 실천하려고 할 때 내성적인 사람은 아마 이런 마음의 소리를 듣게 될 것이다.

'이 공상을 재미있다고 생각하는 사람은 나뿐일 거야. 이런 아이디어는 누구나 생각할 수 있을 것 같은데… 신선하지도, 독창적이지도 않아. 아무래도 나는 발상 센스가 없나 봐…'

앞에서는 기존과 정반대의 순서로 발상하기만을 권하고, 그 발상의 신선함이나 독창성에 대해서는 언급하지 않았다. 그 영역은 독자들에게 맡기고, 그보다는 비전적 사고로 생각한다는 것이 무엇인지 조금이라도 맛보게 해주고 싶었기 때문이다. 그러므로 지금 단계에서 자신의 아이디어에 자신이 없어도 전전긍긍할 필요는 없다. 처음부터 멋진 아이디어를 낼 수 있는 사람은 거의 없다. 시대를 바꿀 혁신적인 아이디어가 진부한 착상에서 비롯된 일화들은 비일비재하다. 솔직히 나도 P&G에 다닐 때 1시간 동안 아이디어를 달랑 3개밖에 짜내지 못한 적도 있다. 그런데 지금은 전략 디자인 회사를 운영한다. '짜낸 아이디어를 어떻게 완성시키느냐에 따라 승부가 갈리고, 여기에는 방법론이 존재한다'는 것을 배웠기 때문이다.

99%의 보통 사람, 특히 나처럼 선천적인 좌뇌형 인간에게 번뜩이는 아이디어가 어딘가에서 갑자기 떨어지는 상황은 환상일 뿐이다. 보통의 우리에게 필요한 것은 '평범한 비전으로 보이는 그 안에 보물이 숨겨져 있다'는 사실을 깨닫는 일이다.

'좋아요'에 안주하지 않는 작은 수고가 차이를 만든다

이 단계에서는 자기 안에서 생겨난 공상이나 비전 스케치가 독창적이지 않아도 괜찮다. 하지만 대부분은 '다른 사람 시선은 신경쓰지 마', '실현 가능성에 얽매이지 마'라는 조언을 들어도 '어차피 이런 비전은 어디에나 있을 텐데…'라며 시작도 전에 의욕을 잃기 일쑤다.

시작 단계의 공상은 사람마다 비슷한 경향을 보인다. 이 상태를 벗어나려면 갓 세상에 나온 따끈한 공상을 가공해야 한다. 아이디어에 대한 철저한 연구인 동시에 타인의 시점을 접목시키는 과정인 셈이다. 가장 쉬운 방법은 아이디어를 다른 사람에게 보여주는 것이다. 제3자의 피드백은 당신의 공상에 신선한 자극을 줄 것이다. 산꼭대기에서 굴러내려오는 돌에 가속도가 붙는 것처럼 타인의 비평과 조언은 당신의 공상을 강하게 단련시켜 주는 도구가 된다. 물론 '적당한 피드백'을 얻으려면 넘어야 할 몇 가지 장애물이 있다.

- 평가자가 아이디어에 대해 부정적인 태도를 보인다.
- 평가자가 아이디어를 정확하게 이해하지 못한다.
- 평가자가 아이디어의 가치를 절하하고 있다.

상대의 피드백이 부정적이거나 아이디어 자체를 잘못 이해하고 있다면 아이디어를 낸 당사자는 사기가 꺾일 수밖에 없다. 언뜻 보면 다른 사람의 평가를 가시화할 수 있는 SNS야말로 이상적인 피드백으로 생각되기도 한다. 하지만 '좋아요'를 많이 받은 아이디어가 무조건 성공하리라는 보장은 없다. '인스타바에インスタ映え'[1]라는 현상이 상징하는 것처럼 타인의 칭찬을 획득하기 쉬운 포스트는 비슷한 콘텐츠가 되기 쉬워 독창성이나 창의성과는 점점 멀어지게 된다.

오해하지 않길 바란다. '공동창작 프로세스'나 'SNS에서의 피드백'을 부정하려는 것은 아니다. 다만 아이디어에 타인의 시점을 반영하며 다듬어나갈 때, 이렇게 손쉬운 방법을 사용하기보단 조금 더 연구를 해볼 필요가 있다는 것을 강조하고 싶을 뿐이다. 그런 의미에서 비전을 함께 갈고닦을 수 있는 동료(비전 메이트)를 만들라고 추천하고 싶다.

친한 친구, 대화가 잘 통하는 비즈니스 파트너 등 소그룹으로 모여 이 책에서 소개한 훈련법을 함께 해보기 바란다. 그리고 피드백을 할 때는 '그것이 무엇으로 보이는가, 어떤 가능성을 느끼는가, 한 걸음 더 나아가 이 아이디어를 더욱 구체화할 수 있는 방법은 무엇일까'에 대해 의견을 나누면 좋겠다.

개념을 무너뜨리고 다시 만드는 De-Sign

경제학자인 조지프 슘페터는 경제 성장을 이룩하는 혁신의 본질은 기업가들에 의한 '새로운 결합'이라고 주장한다. 새로운 무언가를 창출하는 것이 아니라, 이미 존재하는 요소를 '재구성'함으로써 정체돼 있는 경제를 살려낸다는 의미다. 이러한 혁신에 대한 가치관은 거시 경제나 기업 경제뿐 아니라, 모든 유형의 비전 사고에도 해당된다. 공상의 '본질을 바꾼다'는 말은 완전히 구별된 독창적인 아이디어를 짜내라는 것이 아니다. 그 공상이 가지고 있는 요소를 재구성함으로써 새로운 결합을 일으켜야 한다는 뜻이다.

이러한 재구성의 프로세스는 디자인 사고의 원조인 '디자인 세계'에서 매우 중요한 위치를 차지한다. 원래 '디자인design'이라는 말의 어원은 라틴어의 'designare'라는 단어다. 이는 '분리하는 것, 확실하게 하는 것'을 의미하는 접두사 'de'와 '도장, 기호'를 의미하는 'signum'가 결합해 만들어졌다. 여기에서 알 수 있듯, 행위로서의 디자인에는 대상을 구성 요소로 분해한 다음 다시 재구성한다는 뉘앙스가 있다. 디자인이란 재구성 그 자체라고 해도 무방하다. '재구성=분해+재구축'의 등식이 성립되는 것이다.

하지만 대상을 구성하는 요소가 완전한 하나가 된 상태에서는 재구성이 불가능하다. 자신의 내부에서 덩어리째 나온 공상을 최대한 잘게 '분해'하고, 전체가 어떤 파트로 이뤄져 있는지 파악할 수 있을 때 비로소 재구성이 가능하다. 또한 구성 요소들을 바라보고 있노라면 자신이 의심 없이 받아들이고 있던 사고의 틀도 시야에 들어올 것이다. 그런 후에는 파트별로 나눠진 공상을 재구축해야 한다. 이때 원래 상태로 재구축하는 건 아무 의미가 없으므로 기존의 모습과 다른 형태로 조립하려는 연구가 필요하다. 이런 단계를 거치고 나면 개인 수준에 머물렀던 공상에 객관성이 부여

되면서 좀 더 아이디어다워질 수 있다. 다음으로는 각각의 스텝에 대해 좀 더 자세히 검토하면서, 구체적인 방법도 소개하려 한다.

항목의 나열은 아이디어를 고정시킨다 : 분해 스텝 1

BIOTOPE는 나의 고향과도 같은 소비재 업계와 일하는 경우가 많다. 예전에는 브랜드 매니저로서 기존의 브랜드를 어떻게 키워나갈지 고민하는 입장이었다면, 지금은 전략 디자인 기업 책임자의 입장에서 '새로운 브랜드' 창출을 주문받는 입장이다. 그럴 때 어떤 접근법을 선택해야 할지 이야기해 보자.

예를 들어 새로운 '청량음료 브랜드'를 고안해야 한다고 하자. 기존의 접근법이라면 정량定量 데이터나 정성定性 데이터를 보면서 아직 충족되지 않은 소비자들의 니즈를 찾기 시작할 것이다. 하지만 이 방법은 상당히 비효율적이다. 모든 니즈를 정량 데이터로 뽑아내는 사이에 그것은 이미 누구나 알고 있는 아이템이 돼 있을 테고, 어쩌면 다른 기업들이 이미 경쟁하고 있는 판으로 들어갈 가능성도 높다. 또한 인터뷰 같은 정성 조사는 시간이 많이 걸리는 데다 아무리 열심히 발품을 팔며 돌아다녀도 결정적인 힌트를 얻는다는 보장이 없다.

이럴 때 우리가 집중해야 하는 것은 분해 과정을 통한 시간의 분할이다. 우리는 새로운 아이디어를 창출하는 것 자체가 재구축의 단계라고 오해하기 쉽다. 하지만 좀 더 높은 가치의 혁신을 이뤄내려면 기존 아이디어에 숨어 있는 보편성을 말끔히 씻어내고 파트를 나누는 작업부터 시작해야 한다.

페트병에 담긴 청량음료에는 '150엔 전후'라든지 '자동판매기나 편의점에서 판매하는 것'이라는 상식이 따라다닌다. 이를 확실히 인지하고 일목요연하게 정리한 후, '페트병에 담긴 500엔짜리 음료가 있다면?', '집으로 배송되는 청량음료가 있다면?'과 같은 식으로 사고의 폭을 넓혀나가자. 이런 과정을 거치면 지금까지는 없던 참신한 아이디어를 찾아낼 수 있을 것이다. 과제나 발상을 각각의 요소로 분해하는 작업은 MBA의 전략 사고 수업 등을 통해 배운 사고법이다.

이 분야에서 가장 유명한 것이 맥킨지의 MECE(Mutually Exclusive and Collectively Exhaustive)[2]다. 이는 1980년대, 시카고의 'Dolbin'이라는 혁신적인 기업이 내세운 고전적 기법을 바탕으로 한다.[3]

1. '당연한 것'을 모두 찾아낸다.
2. '당연한 것'에서 위화감을 발견한다.
3. '당연한 것'을 뒤집어 생각한다.

첫 번째 스텝은 특정 주제에 대해 세상 사람들이 당연하다고 여기는 상식을 최대한 많이 찾아보는 것이다. 전통적인 룰이나 관습 같은 것도 좋고, 최근의 유행도 좋다. 많으면 많을수록 좋다. 웹 사이트에서 키워드 검색도 해본다. 가능하다면 여러 사람과 함께 분량을 많이 확보하도록 한다.

재구성을 전제로 한 분해 작업에서 중요한 건 정보를 반드시 '물리적으로 출력'해야 한다는 점이다. 손으로 직접 쓰는 것이 이 과정에서도 중요하다. 아무리 두뇌가 우수해도 머릿속에서만 재구성을 할 수 있는 사람은 거의 없다. 당연한 상식을 찾아낼 때도 직접 적으면서 검색하는 것이 기본적인 전제 조건이다.

그 다음으로 중요한 것이 재구성이 가능한 형태로 적는 일이다. 아이디어를 찾을 때 종이에 번호를 적어가면서 항목을 만드는 사람들이 있는데, 이 방법에는 치명적인 결점이 있다. 메모한 요소의 순서가 고정되기 때문에 새로운 결합이 발생하기 어려운 상황이 펼쳐지기도 한다. 번호와 함께 항목을 적는 방식에는 재구성을 위한 여백이 없다. 특정 테마에 관해 상식을 출력할 때는 재구성을 전제로 한 미디어나 캔버스를 확실하게 준비해야 한다.

재구성 능력 향상을 위한 움직이는 메모 기술

앞서 제기한 함정에 빠지지 않으려면 '가동식 메모'를 하는 게 좋다. 먼저, 재구성을 하기 위한 캔버스를 준비한다. A4 사이즈도 좋고 대형 스케치북이나 버터플라이 보드, 모조지, 또는 책상이나 벽도 상관없다. 포인트는 그 캔버스에 직접 적지 않는 것이다. 메모는 별도로 준비한 포스트잇 등에 적는다.

이때 '1 포스트잇 1 정보'를 반드시 명심하자. 포스트잇에 번호를 적어가며 여러 항목을 만들면 결국 재구성이 불가능하단 문제가 발생하니, 생각나는 순서대로 포스트잇에 적어서 캔버스에 붙여나가도록 한다. 이 단계에서는 내용별로 그룹을 만들 필요가 없고, 오직 펜을 움직여서 적는 일에만 집중한다.

분해와 재구축 프로세스의 기본은 '나누기'다. 당장 항목 적기 습관을 버리고 처음부터 이렇게 이동이 가능한 상태로 메모를 정리하면 발상의 재구성 모드를 항상 유지할 수 있다. 나 같은 경우엔 독서를 할 때도 포스트잇에 메모를 적어 노트에 붙인다. 전혀 상관없는 아이디어를 생각하다가도 '아, 이 이야기는 저 책에 나왔던 것과 관계가 있네' 하는 생각이 들면 포스트잇을 다른 페이지로 이동시킨다.

'정보의 선별과 조립은 컴퓨터로도 할 수 있지 않을까?' 이런 의문이 드는가? 생각해 보자. 문서 파일에서 문장이나 단락을 복사해 다른 영역에 '붙여넣기' 하는 건 어떨까? 유감스럽지만 이 방식에는 결함이 있다. 모니터 화면 밖에 있는 정보는 시야에서 사라져버리고 정보가 너무 많아지면 전체를 보기 위해 문서 창의 크기를 줄여야 한다. 이는 재구성 작업에서 치명적인 결함이라고 할 수 있다.

하지만 결코 내가 아날로그 지상주의를 부르짖는 것은 아니다. 적어도 현 단계에서는 '이동시키기 쉽고 한 눈에 볼 수 있는 방법'이라는 측면에서 '움직이는 메모 기술'을 능가하는 디지털 도구를 아직 발

▶ 일리노이 공과대학교에서 수업 중에 방대한 양의 포스트잇을 캔버스 위에 가시화하고 있다

견하지 못했을 뿐이다. 더불어 이런 카드 형식으로 단편적인 정보를 나열하면 시각적인 정보와 텍스트 정보를 같은 평면 위에서 다룰 수 있다는 장점이 있다. 포스트잇을 나란히 붙이는 과정에서 연관된 사진이나 그림끼리 그룹으로 묶어볼 수도 있고 구체적인 사물을 테이블 위에 놓고 그 주변을 포스트잇으로 둘러쌀 수도 있다.

주의할 것은, 포스트잇에 적은 글씨가 너무 작으면 전체를 볼 때 포스트잇의 정보가 눈에 잘 들어오지 않는다는 점이다. 또한 알아보기 어려운 글씨체는 사진 같은 시각 정보에 묻혀버리기 쉽다. 포스트잇에 글씨를 쓸 때는 굵고 큰 글씨로 쓰도록 하자.

마지막으로 '나는 항목을 적는 습관에 너무 길들여져 있는데…'라고 느끼는 사람은 빈 포스트잇으로 캔버스를 만들어보자. 한 페이지

▶ 변형 노트

당 포스트잇 여섯 장을 나란히 붙인 노트를 직접 제작하는 것이다. 이렇게 철저한 '여백 만들기'가 선행되지 않으면 메모 습관을 바꾸기는 정말 어렵다.

재구성 프로세스를 전제로 한 노트(변형 노트)도 판매하고 있으니 자신이 없는 사람은 이 노트를 구입하는 것도 좋은 방법이다. 디지털을 이용해 재구성을 할 수 있는 B버전 서비스도 있다.

위화감을 감지하고 자신의 생각에 솔직해지기 : 분해 스텝 2

특정 테마에 관한 상식을 적은 다음 그 중에서 위화감이 느껴지는 상식을 찾아내자. '이건 좀 이상하지 않아?', '도대체 왜 이렇다는 거지?' 하고 불편한 느낌을 주는 부분을 찾아내는 것이다. 세계적으로 유명한 기업가나 혁신가들을 보면 꽤 많은 사람들이 제멋대로인 성격을 가졌다. 일류들과 어깨를 나란히 할 필요는 없지만, 자기 안에서 조금은 고약한 인격을 찾아내 상식에 숨어 있는 의심스러운 무언가를 발견해 보길 바란다.

그 무언가를 찾은 후엔 '나는 어떤 부분에 위화감을 느꼈을까?', '무엇이 그토록 마음에 걸렸던 거지?', '어떻게 하면 이 위화감을 없앨 수 있을까?' 하는 물음을 자신에게 던져보자. 일본 사람들은 불합리한 상황에서도 참는 것을 미덕으로 여기는 문화를 가지고 있는데 자기 표현이 자유로워진 현대에는 그것이 제약으로 작용하게 된다. 위화감을 느꼈다면 참지 말고 솔직하게 '이상하네' 하고 멈춰 서기를 바란다.

의심의 안테나를 단련하는 위화감 저널

이러한 위화감을 감지하는 안테나의 민감도는 평소 습관 속에서 훈련해나가는 것이 최고다. 저널링은 의심스러운 곳을 찾는 습관을 들일 때도 아주 유용하다. 지금까지 '감정 저널, 욕망 저널, 공상 저널'을 소개했는데, 내키지 않는 무언가를 적어보는 '위화감 저널'을 연습해 보는 건 어떨까. 아니면 매일 지속하고 있는 모닝 저널에 '오늘 조금 의심스러웠던 것'을 한 줄 추가하는 것도 좋겠다.

다만 위화감이란 그 장소, 그 시간에 한정돼 있어 금방 잊어버리는 경우가 많다. '이거 좀 이상한데?' 하고 느낄 때마다 저널링 노트를 꺼내는 것도 번거로운 일일 테니 '위화감을 주는 소재'를 찾았다 싶으면 즉시 사진을 찍는 습관을 들이는 게 좋다. 줄을 똑바로 서지 않는 사람을 보고 불편한 마음이 들었다거나, 거리에서 재미있는 간판을 발견했다거나 소재는 무엇이든 괜찮다. 인상적이거나 내키지 않는 것들은 일단 촬영해두고 저널링을 할 때 꺼내 보면 '위화감 망각'을 방지할 수 있다. 또는 트위터나 인스타그램 등에 위화감을 느꼈던 장면을 포스팅하면서 그 이유를 적는 방법도 있다. 대부분의 위화감은 신체적인 부분에서 오기 때문에 운동감각을 단련하는 연습도 될 수 있다.

당연함 뒤집기 : 분해 스텝 3

당연함 속에서 위화감을 발견했다면, 마지막으로 해야 할 일은 '청개구리' 스위치를 켜는 것이다. 최대한 많은 상식을 기록한 다음 기계적으로 '그 상식의 이면에는 무엇이 있을까?'를 생각해 보는 작업이다.

아이디어의 좋고 나쁨은 개의치 말고, 일단 기계적으로 생각을 짜내는 것이 이 단계의 포인트다. 사내 프로젝트에서 이런 식의 '뒤집어서 생각하는 장'이 좋은 결과로 이어지는 경우가 많다. 특히 조직 내에서는 경험치에 근거한 대량의 당연함이 생산되고 있으므로 상식에 벗어난 발언이나 행동을 하기 어려운 분위기일 확률이 크기 때문이다. 모두가 일제히 청개구리가 되는 공간은 그러한 심리적 장벽을 제거하는 데에 매우 효과적이다.

또한 개인적으로 아이디어를 분해할 때도 일부러 거꾸로 생각하는 훈련은 꼭 시도해 볼 만한 가치가 있다. 자아를 해방시키고 자유로운 발상을 통해 나온 공상이라고 해도, 어떤 식으로든 당연함의 요소가 들어 있기 마련이다. 그것을 모조리 뒤집어 보면 아이디어의 독창성을 높여나갈 수 있을 뿐 아니라 의심스러움에 대한 단서도 얻을 수 있다.

청개구리 캔버스

청개구리 캔버스의 분해 스텝은 세 단계로 나뉜다.

1. 당연한 것 모두 찾아내기

2. 당연한 것에서 위화감 발견하기

3. 당연한 것 뒤집어 생각하기

우선 캔버스를 준비하고 중앙에 분해하고 싶은 주제를 놓는다. 포스트잇에 써도 되지만 시각적인 이미지가 있으면 아이디어 촉진에 훨씬 효과적이다.

공상 요소를 분해할 때는 이미 만들어둔 비전 스케치를 사용해도 좋다. 먼저 분해 주제 주변에 그것과 관련된 상식의 요소들을 붙여나간다. '음… 이건 아닌가? 어떡하지?' 하고 망설이며 너무 깊게 생각하지 말고 순간적으로 연상되는 키워드를 차례로 붙이면 된다.

내용을 다시 한 번 읽어 보면서 위화감이 느껴지는 지점을 찾아나간다. 작업할 때 내용적으로 연관이 깊은 포스트잇끼리 같은 곳에 떼어다 붙이기도 하고, 너무 중복되거나 전혀 관계가 없는 포스트잇은

멀찌감치 떨어뜨려놓기도 한다. 다만, 아이디어를 당장 활용하려는
목적이 아니므로 한 번 떼어낸 메모는 되도록 그대로 두는 것이 좋다.
위화감을 느꼈던 포스트잇에는 오른쪽 위에 '☆' 표시를 해둔다.

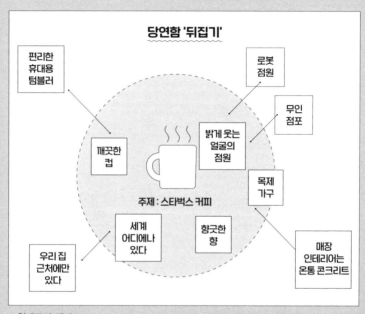

▶ 청개구리 캔버스

마지막으로 철저하게 청개구리가 돼 당연함 뒤집기의 대상이 된
포스트잇을 가장 바깥쪽에 붙여나간다. 상식은 노란색, 비상식은 분
홍색과 같은 식으로 포스트잇 색상을 바꾸면 시각적으로도 차이가
두드러져서 좋다. 상식과 비상식은 각각의 대응관계를 알기 쉽도록

선으로 이어준다. 헷갈릴 때는 우선 위화감을 안고 있는 상식부터 손을 대면 큰 어려움 없이 마무리할 수 있을 것이다. 당연함 뒤집기의 대상은 한 가지로 끝나지 않는다. 앞의 그림처럼, 밝게 웃는 얼굴이라는 고객 서비스의 당연함에 대해 무인 점포와 로봇 점원을 동시에 생각해 볼 수 있다.

발상에 파동을 일으키는 아날로지 사고 : 재구축 스텝 1

여기까지가 재구축 전의 분해 프로세스다. 청개구리 캔버스를 완성했다면 시험적으로 가장 바깥쪽에 있는 '비상식'으로 눈을 돌려보자. 그것만으로도 새로운 '재구축'의 실마리가 드러나기도 한다. 그대로 재구축을 진행해도 상관없지만 여기서 분해한 구성 요소의 폭을 넓히면 훨씬 독창성 높은 재구성이 가능해진다.

이때 유용한 방법이 '아날로지analogy'다. 일반적으로 '유추類推'라고 해석하는데, 미지의 A(타깃)와 기존의 B(소스)가 있을 때, A와 B 사이의 유사성 C를 근거로 'A도 이런 성질을 가지고 있을 거야'라고 추론하는 것이다. 실제로 아날로지는 다양한 상황에서 쓰이고 있다. 과학계에서는 물이 있는 혹성 A를 발견했다고 했을 때, '지구(혹성 B)에도 물(유사성 C)이 있기 때문에 생물이 존재한다. 그렇다면 혹성 A에도 생물이 있지 않을까' 하는 식으로 유추를 한다. 또한 마케팅 업계에서도 TV 프로그램에서 신상품 A를 방송하기로 결정했을 때, '예전에 상품 B가 같은 프로그램에 나온 후 매출이 3배 정도 올랐다'는 경험 데이터를 근거로 '아마 이번 A의 매출도 3배 가까이 오르겠지'라고 유추한다.

조금 추상적이지만 여기서 중요한 것은 '왠지 그냥 닮았어!'라는 감각이다. 연애를 떠올려 보자. 좋아하는 사람이 생기면 억지로라도 서로의 공통점을 찾아가며 대화를 이어나가려 하지 않나.

그럴 때 만약 '엄밀하게 말하면 다르지만…' 하면서 서로의 차이점만 부각하는 반응을 보이면 주변의 눈총만 살 뿐이다. 아날로지 사고는 서로 다른 분야의 접점을 만들어준다.

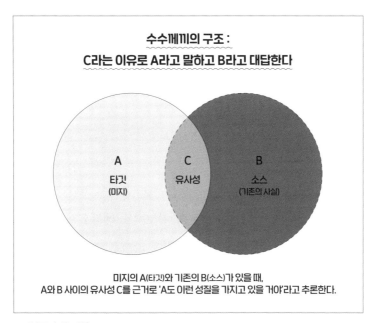

수수께끼의 구조 :
C라는 이유로 A라고 말하고 B라고 대답한다

A
타깃
(미지)

C
유사성

B
소스
(기존의 사실)

미지의 A(타깃)와 기존의 B(소스)가 있을 때,
A와 B 사이의 유사성 C를 근거로 'A도 이런 성질을 가지고 있을 거야'라고 추론한다.

▶ 아날로지 사고란?

수사학적 표현을 빌리면 아날로지는 '메타포(비유)'라고 할 수 있다. 그런 의미에서 메타포는 아날로지의 일종이기도 하다. '그들의 연애는 드라마 같았어'라고 할 때 '그들의 연애'와 '드라마' 사이에는 '감정을 고조시키는 극적인 전개'와 같은 공통점이 있다. '우리 회사는 동물원 그 자체야'라는 말에 공감하는 사람은 '우리 회사'와 '동물원' 사이에 '사람이 너무 많고 다양해서 관리가 힘들다'라는 유사성을 발견한 것인지도 모른다.

아날로지나 메타포는 디자인 사고에서도 자주 이용하는 수법이다. 디자인 스쿨에 다닐 때 '메타포와 아날로지metaphor&analogy'라는 수업을 들은 적이 있다. 자신의 아이디어와 유사점이 있는 것을 찾아 발상을 넓혀나가기도 하고(아날로지), 미지의 혁신적인 아이디어를 이해하기 쉬운 비유로 표현하기도 하는(메타포) 것이 이 수업의 목적이었다. 그 수업의 첫 과제는 거리로 나가 다양한 메타포를 찾아서 사진으로 찍어 오는 '메타포 헌트'였다.

우리를 둘러싼 수많은 포스터와 광고에도 메타포가 사용되고 있다. 상품이나 서비스 콘셉트를 세상에 알리고 고객을 설득해 행동을 유도하는 것이 비즈니스의 본질이므로 당연하다고 생각할지 모르겠다. 하지만 의식하면서 거리를 걷지 않으면 의외로 메타포를 인지하기 어렵다.

아이디어를 재구성할 때 가장 중요한 것은 메타포를 끌어내는 힘과 그 배경에 존재하는 아날로지를 찾아내는 능력이다. 야후 CSO인 아타카 가즈토는 이렇게 말했다. "우수한 마케터는 눈에 보이지 않는 연결고리를 찾아내는 힘을 가지고 있다."[4]

▶ 일리노이 공과대학교 디자인 스쿨의 '메타포와 아날로지' 수업

　'인터넷'에 관한 비전을 재정의하려는 사람이 '인터넷이란 전세계에 뻗어 있는 거대한 거미줄이다'라는 아날로지를 생각해냈다고 해보자. 이 경우, 인터넷에 관한 아이디어의 재구성이 기대만큼 촉진되지는 않는다. 오히려 아날로지의 결과로 대두되는 것은 '상대를 휘감아 삼켜버리려는 포식자'라든가 '누군가에게 감시당하고 있다'는 고전적 이미지다. 반면에 '인터넷은 생태계다'라는 아날로지를 선택한 경우, 전자와는 조금 다른 아이디어의 전개 가능성이 있다.

'약육강식'이나 '적자생존' 같은 혹독한 측면도 있지만 '서로 가치를 낳으면서 장기적으로 번영해 가는 장소'라는 식으로 인터넷을 재해석할 수 있는 것이다. 그렇다면 전략을 짤 때도 기존의 '점유율 전쟁'이라는 틀에서 벗어나 '경쟁자들끼리 공생하려면 무엇이 필요한가?'라는 새로운 물음이 생겨난다. BIOTOPE의 구체적인 사례를 소개하려 한다.

거미줄 　　　　　　　　　생태계

▶ 아날로지의 '소스'로 무엇을 선택할까?(우측 이미지 ⓒsveta/stock.adobe.com)

디자인 사무소 NOSIGNER와 협업해 '야마모토야마'의 브랜드 재구축을 진행한 적이 있다. 야마모토야마는 '김'으로 유명한데, 이 프로젝트에서는 기업의 원조 아이템인 '전통차'로의 이미지 회귀를 목표로 했다. '어떻게 하면 일본 전통차를 신세대가 즐겨 마실 수 있게 할까?' 하는 전략을 고심할 때 참고했던 것이 '와인'이라는 아날로지다.

우리는 '일본 전통차를 마신다'는 행위가 '와인처럼 산지나 주조연도를 즐기는 깊이 있는 체험'으로 자리매김할 수 있도록 하기 위해 현대의 라이프스타일에 맞는 새로운 일본 차 브랜드 개발에 힘썼다. 이렇듯 아날로지는 지금까지 존재하지 않았던 시점을 요구하는 미래의 현장에서 매우 파워풀한 무기가 되고 있다.

아날로지적 인지를 불러일으키는 세 가지 체크 포인트 : 재구축 스텝 2

답이 보이지 않는 문제가 많기 때문일까. 요즘에는 아날로지에 대한 재발견이 사람들의 관심을 끌고 있다. 아직 한 번도 경험한 적 없는 과제에 직면했을 때 기존 정보를 근거로 미지의 상황을 추측하는 아날로지 사고는 압도적인 효력을 발휘하기 때문이다.

최근 전 세계적으로 《사피엔스》라는 책이 인기를 끌었다. AI 시대를 목전에 둔 인류를 원숭이의 일종으로 간주하면서 다른 종류의 원숭이가 인간으로 존재할 수 있는 가능성을 독자에게 제시했기 때문이다. 해답이 보이지 않는 시대일수록 이런 아날로지가 더욱 강력한 설득력을 갖는다. 그리고 이것은 공상을 기점으로 하는 비전 사고에서도 중요한 접근법이 될 수 있다. 개인의 관점이나 이상을 제시하는 공상(비전)은 아직 실현되지 않았다는 의미에서 볼 때 '미지의 사건' 그 자체이기 때문이다.

공상을 정밀하게 현실화하려면 아날로지는 꼭 필요한 프로세스다. 전형적인 좌뇌형 인간인 나는 오래 전부터 아날로지에 근거한 사고를 동경해 왔다. 미팅을 하거나 잡담을 할 때 기가 막힌 비유로 상대를 놀라게 하는 사람들이 그렇게 부러웠다. 디자인 스쿨에서 처음 '메타포와 아날로지' 수업에 출석했을 때도 왠지 모르게 긴장했던 기억이 난다.[5]

하지만 결론부터 말하자면 아날로지 사고는 센스 있는 사람만 가능한 블랙박스[6]가 아니다. 순서만 잘 밟아나가면 많은 수고를 들이지 않고도 습득할 수 있는 아주 기초적인 기법이다. 아날로지의 전개를 통해 사고의 발산을 추구할 때 방해가 되는 세 가지 요소를 알아보자.

아날로지의 장애물 1. 타깃의 구성 요소가 파악되지 않는다
멋진 아날로지가 떠오르지 않을 때가 있다. 대부분은 타깃이 되는 발상이나 문제의 구성 요소가 명확히 드러나지 않은 경우다. '우리 회사는 동물원'이라는 비유를 할 때는 '우리 직장'에 대해 '캐릭터들이 다양하고 개성적', '힘들어하는 매니저', '하나같이 이런 저런 요구만 많아서 정말 성가시다'와 같은 요소 분해가 선행돼야 한다. 구성 요소가 또렷하게 가시화되면 비유를 위한 유사성과 공통점을 발견하기가 훨씬 쉬워진다. 이 작업에는 앞서 설명한 청개구리 캔버스가 상당히 유용한 방법이 될 수 있다.

아날로지의 장애물 2. 소스가 너무 적다

타깃의 구성 요소가 명확해졌다고 해도 그것을 연결하기 위한 기존의 소스가 너무 적으면 유사점을 발견하기 어렵다. 일정한 분량의 지식과 경험을 도출해 내지 않으면 안 된다는 뜻이다. 아날로지 사고를 뇌과학적으로 분석하면 과거의 기억에 접근해 현재 상황과 새로운 연결고리를 발견하는 인지과정이 발생한다.[7]

그런 측면에서 보면 어느 정도 나이를 먹고 풍부한 경험을 쌓은 사람일수록 아날로지를 창출해 내는 능력이 높다고 할 수 있다. 하지만 단순히 과거의 학습과 경험이 많다고 해서 아날로지 사고가 가능한 것은 아니다. 그것들을 구조적으로 이해하지 않으면 참신한 아날로지 착상에까지 다다르기는 어렵다.

이러한 소스의 부족을 충당하고 싶다면 회사 동료나 가족뿐 아니라, 다른 분야에 있는 사람들과 대화를 많이 하는 게 좋다. 또한 다양한 예술 작품, 엔터테인먼트 등을 접하는 것도 효과적인 방법이다. 우리의 뇌는 소설을 통한 허구적 체험과 현실적 체험을 구별하지 못하기 때문에 간접적인 체험으로 뇌의 아날로지 능력을

높일 수 있다는 연구 결과도 있다.[8]

　그밖에 조금 가벼운 '특효약'으로 '비주얼 요소'가 있다. 워크숍 등에서 참가자들에게 아날로지 사고를 체험하게 하고 싶다면 다양한 분야의 잡지를 많이 준비해 보자. 팔랑팔랑 페이지를 넘기며 시각을 자극하면 '아, 이것과 이것은 닮았네!' 하는 식의 발견이 쉬워진다.

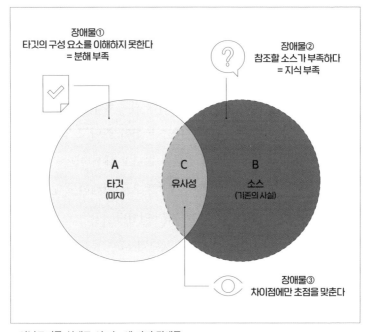

▶ 아날로지를 실패로 이끄는 세 가지 장애물

아날로지의 장애물 3. 차이점에만 초점을 맞춘다

아날로지 사고에는 유사성 발견이 필수다. 우리는 평소에 차이를 발견하는 쪽으로 머리를 많이 쓰는 반면, 비슷한 점을 찾는 것에는 익숙하지 않다. 차이점을 찾고 싶다는 생각이 든다면 언어뇌 모드가 활성화돼 있는 경우다. 이미지뇌 모드를 활성화시키려면 타깃이나 구성 요소를 비주얼화한 후 대략적으로 파악해야 한다. 실제로 '비주얼 아날로지'[9]라는 분야가 있다. 나도 시각을 자극하면서 유사점을 찾아내는 훈련을 해본 적이 있다. 사진을 모아 콜라주를 해보기도 하고, '다양한 분야의 사진 모음'을 자극제로 활용하기도 하면서 소스 쪽에 시작 요소를 추가했다. 자연스럽게 눈이 유사점을 향하는 환경을 만든 것이다.

아날로지 방식의 아이디어 스케치

아날로지를 이용해 아이디어를 재구성하려면 가장 먼저 청개구리 캔버스로 분해하려는 몇 개의 구성 요소를 선별하고 닮은 점을 찾아

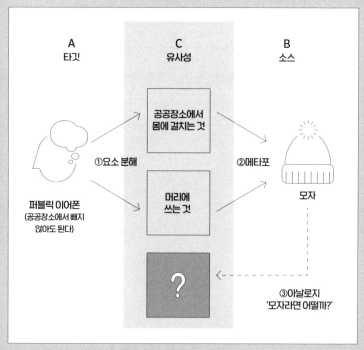

▶ 아날로지를 이용해 발상 확장하기

나가면 된다. '공공장소에서도 빼지 않을 수 있는 이어폰'이라는 아이디어가 떠올랐을 때, 그 구성 요소인 '공공장소에서 휴대하는 것', '머리에 설치하는 것' 등 실마리가 될 만한 유사점을 먼저 찾아낸다. 모자나 머리띠 같은 메타포를 발견했다면, 다시 타깃으로 돌아와 '머리띠처럼 생긴 이어폰이 있다면?', '모자 형태의 이어폰은?'과 같은 식으로 소스에 중점에 둔 아날로지를 떠올린다. 그러면 발상의 폭이나 깊이를 넓혀나갈 수 있다.

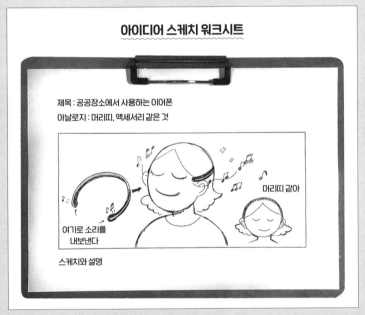

아이디어 스케치 워크시트

제목 : 공공장소에서 사용하는 이어폰
아날로지 : 머리띠, 액세서리 같은 것

머리띠 같아

여기로 소리를
내보낸다

스케치와 설명

▶ 아이디어 스케치

이것이 바로 '재구성'이다. 단순히 주관적인 공상이었던 것을 독창적인 비전으로 탈바꿈시키려면 이 프로세스는 필수다. 아날로지를 바탕으로 발상을 재정리하고 싶다면 시각적 형태를 이용해 재구축하면 된다. 이때 추천하고 싶은 것이 '아날로지 스케치'다. 초기의 비전(공상)에 더하기 개념의 메타포를 적어 넣고 나면 그것을 비주얼화하는 작업만 남는다. 아날로지를 활용하면 훨씬 구체적이고 독창적인 아이디어를 만들 수 있다는 것을 경험할 수 있다.

제한이 있어야 정리가 된다 : 재구축 스텝 3

지금까지 아날로지를 이용한 재구축 방법에 대해 설명했다. 앞서 설명한 내용과 더불어 '포맷을 정하고 일정한 제한 속에서 정리' 하는 방법도 상당히 효율적이다. 디자인 스쿨에서 '사용자 관찰' 수업을 들은 적이 있다. 그 수업에서는 그때까지 해온 소비자 인터뷰 정보를 포스트잇에 적어서 붙이는 팀 과제를 해야 했다. 캔버스가 될 모조지에 붙어 있는 엄청난 수의 포스트잇을 보며 생각했다. '정말 엄청난 양의 정보네. 도대체 이것들을 어떻게 전부 정리하지…'

수업 막바지에 다다랐을 때 강사인 벤은 이렇게 말했다. "좋아요. 자, 여러분, 인터뷰한 내용을 전달할 수 있는 포스터를 만들어 봐요. 제한시간은 5분." 나뿐 아니라 다른 팀원들도 순간 당황해 서로의 얼굴만 바라봤다. 무려 30시간 넘게 진행한 인터뷰 리서치 데이터를 달랑 5분 만에 포스터로 만들라니. '이건 정말 무리야.' 모두 같은 생각을 했지만 시간은 정해져 있었다. 서둘러 회의를 시작하고 논의를 하는 동안 벤의 의도를 어렴풋이 알 것도 같았다. 시간과 포맷이 제한돼 있으면 오히려 자잘한 부분을 생략하고 본질에만 집중하게 된다. '가장 인상적이었던 이 사진을 중앙에 놓자', '제목은 전에 생각했던 이 내용을 크게 써서 배치하면 좋을 것 같아' 하는 식으로 의견을 주고받으며 허둥지둥 포스터를 완성했다.

만약 5분이 아니라 50분이 주어졌다면 10배 가치 있는 아이디어가 탄생했을까? 장담할 수 없을 것 같다. 일정한 제한 속에서 발상을 하게 되면 오히려 재구축에 더 도움이 된다는 것을 깨달았던 수업이었다. 포맷을 먼저 결정하는 것이야말로 재구축을 위한 가장 좋은 방법이다. 17음音에 5·7·5라는 형식을 가진 짧은 일본 전통 정형시 '하이쿠俳句', 140자 이내의 내용만 올릴 수 있는 트위터 등은 언뜻 보면 '제한'처럼 보이지만 사실은 아이디어를 정리하고 다듬는 데 중요한 보조 역할을 하고 있다. 반대로 가장 어려운 것은 '어떤 형태로 정리해도 좋다'고 하는 것이다. 재구성해야 할 구성 요소의 양이 많으면 많을수록 어떤 의미에서는 통일성 없는 억지스러운 포맷이 나올 수도 있다. 이것은 재구축을 위한 여백(캔버스)을 만들 때의 중요한 요령이다.

MIT 미디어랩 연구소의 부소장인 이시이 히로시石井裕 선생과 일할 때도 비슷한 경험을 했다. 워크숍 전반부에 엄청난 고찰을 했다고 생각하고 있었는데, 그가 갑자기 나를 가리키며 이렇게 말했다. "자 사소군, 당신의 아이디어를 '독창적인 사자성어'로 표현해봐요." 영어가 혼합된 첨단 테크놀로지 용어를 대량으로 머릿속에 입력한 상태에서 갑자기 '한자의 세계'로 내던져진 것이다. 지금에 와서 생각하면 억지에 불과했지만 당시에는 식은땀을 흘려

가며 필사적으로 사자성어를 만들었던 기억이 난다. 내가 운영하는 회사의 브랜드북 이름인 〈미생동풍美生東風〉은 이때의 경험에서 영감을 얻어 만들어낸 독창적 사자성어다. 기업이나 조직을 생명체로 보고 동양의학처럼 세상과의 연결을 통해 본래 거기에 흐르고 있는 아름다움을 창조하고 싶다는 뜻으로 우리가 소중히 여기는 사상을 담았다.

단숨에 아이디어를 정리하는 셀프 청소 기술

제한이 있는 발상법은 혼자 실천하기가 쉽지 않다. 이를 잘 활용할 수 있는 몇 가지 방법을 소개하겠다. 포인트는 '어디에 제한을 둘 것인가'이다. 가장 쉬운 제한은 '시간'이다. 타이머를 켜고 '10분 안에 아날로지 스케치를 해보자', '3분 안에 홍보 문구를 만들어보자' 등 재구축을 위한 시간을 스스로 정하는 방법이다. '제한시간이 지나면 그날은 더는 아이디어에 대한 생각을 하지 않는다'와 같은 식으로 되도록 룰을 확실하게 해두는 것이 좋다. 다음은 재구축 포맷이나 활용할 미디어를 정하는 방법이다. 다음과 같은 예는 어떨까?

- 광고 포스터를 만든다.
- 갤러리를 빌려서 예술 작품을 전시한다.
- 그림만으로 표현한다.
- 잡지를 오려서 콜라주를 만든다.

시각뿐 아니라 운동감각을 함께 활용하면 좋다. 팀 형식의 워크숍 등에서는 회의를 한 후 그 아이디어가 실현된 세계를 가정하고 '연기'

를 해보자. 특정 상품에 대한 아이디어가 떠올랐다면 사용자가 그 상품을 사용함으로써 어떤 경험을 하게 될 것인지에 대해 1분 정도의 촌극을 해보는 것이다. 확산돼 있는 정보를 단숨에 압축한다는 의미에서 볼 때 언어를 따라올 수 있는 건 없다. 특히 이름을 정한다는 행위의 의미는 실로 대단하다. 이름이 붙는 순간, 그 아이디어는 공상에서 발상으로 모습을 바꾸고 비로소 이 세상에 존재하기 시작한다. 언어를 사용할 때 글자 수에 제한을 두면 더 효과적이다.

- 이름을 생각한다.
- 발표문을 만든다.(SNS에 공유됐을 때의 코멘트 등도 재현하면 10점 만점에 10점!)
- 독창적인 사자성어로 만든다.
- 한 장의 슬라이드로 콘셉트를 정리한다.
- 한 줄짜리 문구를 만든다.
- 5·7·5의 매력을 활용한다.

평소에 이런 훈련을 하고 싶다면 인스타그램 같은 SNS를 활용하는 것도 좋다. 나는 인스타그램에 사진을 올릴 때 5·7·5 형식으로 해시태그를 다는 '인스타 하이쿠'라는 룰을 정했었다. 이런 의식적인 행동을 일상적으로 하다 보면 눈앞의 다양한 정보로 일정한 재구축을

▶ 인스타 하이쿠

실행하는 '재인식 능력'을 훈련할 수 있다. 부디 여러분도 재미있는 룰을 설정해서 게임을 하는 듯한 기분으로 즐기며 습관을 들여보기 바란다.

1 (역주)'인스타그램'과 사진발을 의미하는 '샤신바에しゃしんばえ'가 합쳐진 신조어. 즉 인스 타그램에 업로드했을 때 '좋아요'를 많이 받을 만한 사진이란 뜻

2 (역주)어떤 사항을 중복이나 누락 없이 부분의 집합체로 파악하는 것

3 Nagji, B., & Walters, H.(2011), Flipping Orthodoxies:Overcoming Insidious Obstacles to Innovation:Case Study, Rotman Magazine(Fall), pp.60~65.

4 "야후 CSO 아즈카 日 독창성은 '수축'과 '이완'의 좁은 틈에서 태어난다", BiZ/Zine, last modified October 17, 2016/10/17, https://bizzine.jp/article/detail/1688

5 '메타포와 아날로지'는 디자인과 학생들이 졸업 직전에 이수하는 초인기 수업이었다. 그만 큼 파워풀한 무기가 되는 내용이다.

6 (역주)내부의 작동 원리나 구조를 이해하지 않고도 외부에서 본 기능이나 사용법만 알면 충분히 얻을 수 있는 결과를 이용해 작업할 수 있는 장치나 기구의 개념

7 Bar, M.(2009), The Proactive Brain:Memory for Predictions, Philosophical Transactions of the Royal Society B: Biological Science

8 Oately, K.(2016), Fiction:Simulation of Social Words, Trends in Cgnitive Sciences, 20(8), pp.618~628

9 아날로지에 대해 생각하고 있을 무렵, 이 책을 탐닉하듯 읽어 내려갔다. 1978년에 발행된 고서인데 세상의 닮은 꼴들을 시각화하고 대비하면서 아날로지의 세계로 초대해 주는 명 저다 : 마츠오카 세이고松岡正剛,《상사율相似律》,〈유遊〉1001호

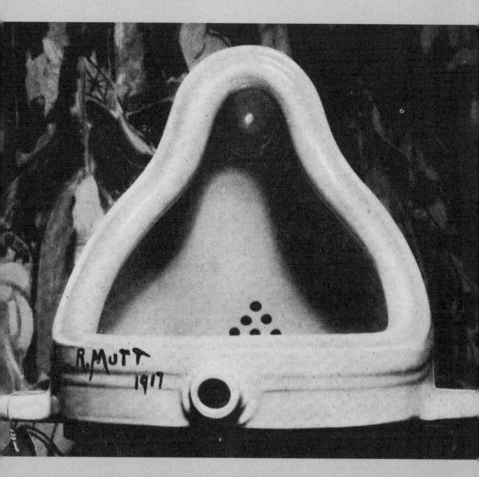

마르셀 뒤샹, <샘>, 1917년

6장

표현하지 않으면
사고하지 않은 것

뒤샹은 현대 예술의 아버지로 불린다.
평범한 변기에 사인을 해 작품으로 전시하며
예술의 개념을 재해석했다. 표현 기법 자체가
뛰어나기도 했지만 모든 것에 스토리를
더할 수 있고 사회를 향한 과제를 제기할 수
있다는 점을 시사했다는 의의가 있다.

표현하지 않는 삶의 실체

'당신은 '표현'을 하고 있습니까?' 이렇게 물었을 때 '네, 하고 있습니다!'라고 바로 대답할 수 있는 사람은 그리 많지 않을 것이다. 트위터나 페이스북, 인스타그램, 블로그 등을 하고 있으면서도 '표현이라고 할 정도는 아닌데…'라며 말끝을 흐리는 사람이 대부분이다. 특히 직장인은 하루 대부분의 시간을 타인 모드로 지내는 것이 당연한 일이 돼 '표현하는 것과는 무관한 삶을 살고 있다'는 생각을 할지도 모르겠다.

　예전의 나도 그랬다. P&G에서 일할 때, 섬유 탈취제 '페브리즈'의 마케팅을 담당하게 됐다. 이미 앞에서 언급했듯이 P&G는 마케팅 업무에서는 철저한 데이터를 기반으로 전략을 세운다. 제품을 사용하고 있는 사람의 연령층, 소득 수준, 가족 구성, 거주지, 라이프스타일 등 대량의 데이터를 수집하고 분석한다. 지금이야

'패브리즈 한다'는 말이 있을 정도로 제품 인지도가 높지만 당시의 페브리즈는 '어떻게 하면 주부들뿐 아니라 남편과 아이들에게까지 인지도를 넓힐 수 있을까' 하는 과제로 고민하는 단계였다. 남성용 청바지나 슈트, 운동선수의 신발과 야구 글로브에도 사용할 수 있는 제품이라는 것을 알려야만 했다. 우리는 아직 제품 사용 경험이 없는 소비자나 페브리즈를 사용할 수 있는 아이템에 관한 정량 데이터를 분석하고 타깃의 우선순위를 정했다. 그러고 나서 광고 에이전시에 의뢰해 제품을 사용하는 구체적인 장면이 담긴 15초 분량의 TV CM 제작 계획을 세웠다. 에이전시의 제작팀에서 CM의 내용이 담긴 스토리보드를 보내줬는데 창의적인 요소가 하나도 없어 보였다. 불만족스러운 내 표정을 본 한 선배가 이런 조언을 해줬다.

"사소 군, 우리는 광고에 대해서는 아무 말도 할 필요가 없어. 마케터의 일은 전략을 세우는 것까지야. 광고의 창의성과 독창성은 어디까지나 광고 담당자들의 일이니까 절대로 그 선은 넘지 않도록 해."

클라이언트인 내가 잘못된 의견을 제시하더라도 에이전시는 이를 반영할 수밖에 없다는 게 선배의 말에 담긴 의미였다. 실제로 그런 이유로 광고 스토리가 완전히 엉망이 된 경우가 적지 않다. 그렇기에 '떡은 떡집에'라는 말처럼 광고 전반에 관한 것은 '온전

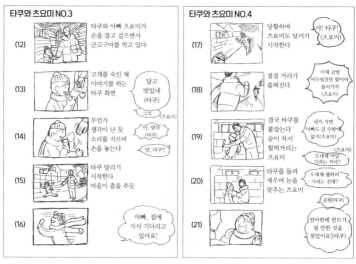

▶ CM용 콘티 이미지

히 전문가에게 맡겨야 한다'는 게 기본이 돼야 했다. 그날 선배의 가르침은 내 안에 깊이 뿌리를 내렸다. 지금도 많은 부분에서 진리가 되는 조언이라고 생각한다. 광고 제작 담당자가 따로 있기에 표현 직전 단계까지만 집중하는 게 우리의 일인 것이다. 앞서 '당신은 표현을 하고 있습니까?'라는 물음에 즉시 답할 수 없었던 사람은 분명 이런 생각을 갖고 있었기 때문일 테다.

하지만 이런 생각이야말로 우리가 극복해야 할 마지막 과제다. '공상→지각→재구성'의 단계를 거쳐 비전 아틀리에의 마지막 방에 도착했다면, 표현 직전에 멈춰서는 것이 아니라 건너편으로 발을 내디뎌야 한다. 결코 어려운 일이 아니다. 표현이라는 단어 앞에서 주눅들 필요도 없다. 여기까지 오는 동안 이미 표현을 위한 준비가 거의 끝났기 때문이다. 조금 더 연구하는 일만 남았다.

손으로 생각하는 방을 여는 열쇠

앞에서 '표현'을 비전 사고의 마지막 프로세스라고 했다. 다만 공상, 지각, 재구성, 표현은 어디까지나 사이클이고 원의 일부라는 사실을 기억해 주길 바란다. 특히 표현에 대해 이야기하자면 이것은 종착점인 동시에 시발점이기도 하다. 모든 비전 사고는 표현에서 시작된다고 해도 과언이 아니다.

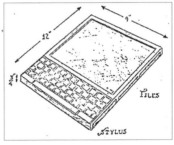

▶ 프로토타입 스케치(앨런 케이의 다이나북)[1]

위의 이미지를 보자. PC의 아버지라고 할 수 있는 앨런 케이가

'다이나북dynabook'을 구상했을 때의 스케치다. 이 스케치에는 사용자의 행동 등도 함께 그려져 있는데 오늘날의 태블릿 PC와 그 쓰임이 비슷한 것을 알 수 있다. 놀랍게도 이것은 1960년대에 그려진 것이다. 태블릿 PC라는 공상이 이미 오래 전부터 구상돼 왔음을 알 수 있는 대목이다.

이쯤에서 다시 '손을 움직여 구체화하면서 생각한다'는 구축주의 사고법을 떠올려주기 바란다. 해당 사고법 부분에서는 발상을 할 때 항목을 적어나가는 것보다 구체적인 시제품(프로토타입)을 만드는 것이 우선이라고 설명한 바 있다. 그리고 프로토타입을 통해 아이디어를 한층 더 업그레이드하면서 동시에 현실화를 향해 걸음을 내딛는 기법을 프로토타이핑이라고 했었다.

프로젝트를 통해 아이디어를 실현시키는 일반적 프로세스와 비교하면 프로토타이핑은 '시간 활용법' 면에서 명확한 차이를 보인다. 다음의 그래프는 가로축을 시간, 세로축을 출력(표현)의 완성도로 놓고 시간과 출력의 차이를 이미지화한 것이다. 프로토타이핑에서는 우선 시제품을 만드는 '표현' 프로세스가 맨 처음에 온다. 그리고 그 결과물을 놓고 논의하면서 다시 더욱 완성도 높은 프로토타이핑을 만들어나간다. 여기서 중요한 것은 주어진 시간 내에서 '구체화→피드백→구체화'를 얼마만큼 반복하느냐이다. 이러한 반복을 '이터레이션iteration'이라고 부른다. 미디어 아티스트 겸 기업가로 활약하고 있는 쓰쿠바 대학교의 부교수 오치아이 요이치落合陽一도 자주 사용하는 말인 '이터레이션'은 창작자와 제작자의 기본 동작과도 같다.

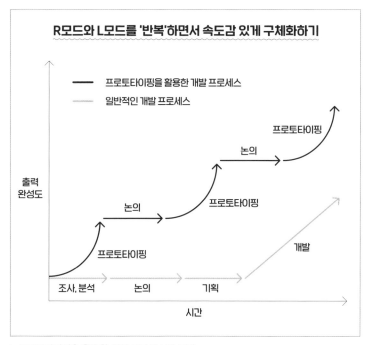

▶ 프로토타이핑을 활용한 개발 프로세스의 특징

반면 일반적인 개발 파트를 보면, 구체화 프로세스는 마지막 단계일 뿐만 아니라 애초에 이 단계에 할애하는 시간 자체가 거의 없다. 오히려 앞쪽의 조사, 분석, 논의, 기획 등의 L모드에 시간 배분이 치우쳐 있다. 우리의 업무는 종종 이런 식으로 전개된다. 좀처럼 기획이 가시화되지 않아 컴퓨터 앞에서 안절부절못하던 예전의 나는 이런 식으로 시간을 분배하면서 일하고 있었다.

빠른 실패라는 기회

디자인 스쿨에서 프로토타이핑 기법을 배운 이후 업무 방식이 근본적으로 변하기 시작했다. 마감이나 납기일이 1주일 뒤라면 우선 첫째 날에는 손으로 시제품을 만들어 보고, 다음 날 바로 상사나 의뢰인에게 보여준다. 대화를 나누면서 자신의 시제품을 '새의 눈' 모드로 객관화해 살펴보고, 수정해야 할 포인트를 짚어낸다. 그런 후에는 다시 '곤충의 눈' 모드가 돼 혼자 작업하며 완성도를 높인다. 이 과정을 반복해 탄생한 최종 결과물이 클라이언트를 만족시키지 못한 경우는 거의 없었다.

　다음의 사진은 내가 어떤 포스터를 만들 때의 모습이다. 처음에는 대략 세 가지 패턴으로 스케치(사진 좌측)를 하고 팀원들과 의논하며 방향성을 정해 좀 더 완성도 높은 버전(사진 우측)으로 구체화했다. 이때는 3주라는 시간이 주어졌는데 최종 결과물(사진 우측 상단)에 이르기까지 두 번의 반복 사이클을 줄일 수 있었다.

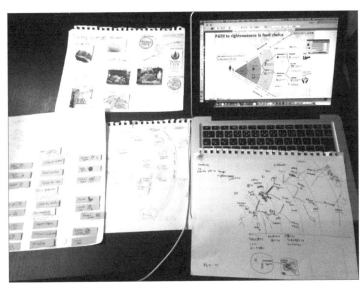

▶ 반복을 통해 결과물의 정밀도를 높인다

눈치챘겠지만 프로토타이핑의 첫 번째 이점은 '일찍 실패할 수 있다'는 것이다. 만약 이 포스터를 만들 때 만약 누구와도 논의하지 않고 오로지 컴퓨터 앞에서만 씨름하며 손을 움직였다면 어떻게 됐을까? 어쩌면 나는 대충 그려본 스케치 중 하나를 선택해 버렸을지도 모른다. 하지만 피드백을 구함으로써 '빠른 실패'를 하고 더 나은 결과물을 내놓을 수 있었다. 그런데 실제 상품개발 현장에서는 반대로 '너무 늦은 실패' 사례가 발생하고 있는 듯하다. 특히 지금은 시대가 빠른 속도로 변하고 있어 치밀한 조사와 수개

월에 걸친 회의를 토대로 한 설계나 재료 조달이 끝나버린 시점에 '…그런데 지금 이런 걸 살 사람이 있을까?' 하는 분위기가 돼버리는 것이다. 이 단계에서 제품을 생산하지 않을 수는 없어 무리하게 제작에 들어가지만 결국 판매의 기회는 잃고 마는 경우가 적지 않다. 너무 늦은 실패의 결과다. 예측 불가능한 VUCA 시대에는 '어떻게 일찍 실패할까?'란 물음을 던지는 것이 중요하다.

스피드가 질을 높인다

프로토타이핑의 장점은 또 있다. 앞에서 살펴봤듯이 일반적인 개발 프로세스와 프로토타이핑 프로세스 중 최종 완성도는 후자가 더 높았다. 실제로 '구체화→피드백→구체화'의 반복이 이뤄질 때 작업의 질이 향상될 가능성이 높아진다.

'마시멜로 챌린지'라는 게임을 아는가? 미국의 실리콘밸리에서 활동하는 학자 톰 우젝은 이 게임으로 한 실험을 진행했다. 게임의 룰은 간단하다. 3~4명이 팀을 만들고 마시멜로와 스파게티 면, 마스킹 테이프만 사용해서 제한시간 안에 최대한 높은 탑을 만들면 된다. 톰 우젝은 건축가팀, 경영진팀, 유치원생팀, 변호사팀, MBA 학생팀 등 참가자들을 직업군으로 나눠 여러 차례 실험을 진행했다. 결과는 뜻밖이었다. 건축가팀과 경영진팀은 나름의 결과를 내긴 했지만 변호사나 MBA 학생으로 이뤄진 팀은 비참할 정도의 결과를 냈다. 그리고 3위를 차지한 건 '유치원생'들이었다. 이 실험에서 아이들은 '손으로 생각하면서 즐기는 놀이'의 파워를 유감없이 발휘했다. 유치원생들은 별다른 계획 없이 마음대로 손을 움직이며 과정 자체를 즐긴다. 중간중간 시행착오를 거치면서 '어떤 구조가 되면 높은 탑을 쌓을 수 있을까?'란 물음에 대한 답

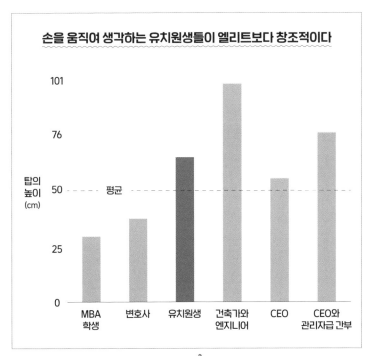

▶ 당신의 창조력은 5살짜리 아이보다 훌륭한가?[2]

을 발견해 나가는 것이다.

하지만 MBA 학생들로 구성된 팀은 전략 구상부터 시작해 다양한 가능성을 생각하는 데 시간을 쓴 후 마지막 1~2분을 남기고서야 비로소 손을 움직이기 시작했다. 그러다 어딘가에서 예상치 못한 사건이 발생해 시간이 얼마 남지 않은 상황에서 그만 탑이 무너지고 말았다. 이런 상황에서는 어떤 천재라도 대처할 수 있는 방법이 없고, 결국 불완전한 구조물만 남은 채 제한시간을 맞이해야 한다. 또 경영진팀이더라도 관리자급 없이 CEO만으로 구성된 팀은 유치원생들에게 패배했다.

내가 진행하는 워크숍에서도 참가자들에게 '지금부터 앞에 있는 레고를 사용해 최대한 높은 구조물을 만들어보세요. 제한시간은 30초입니다'라고 하면, 대부분의 사람들은 바로 L모드가 작동하면서 '어떻게 하면 안정적으로 만들 수 있을까?', '맨 아래 지지대를 이렇게 하면 좋을까?' 등 이런저런 생각들을 하는 데 시간을 써버린다. 이 과제의 정답은 아무 생각도 하지 말고 일단 손을 움직여서 레고를 직사각형으로 쌓아 올리는 것이다. 레고의 접합 부분은 의외로 단단해서 30초 만에 쌓아 올릴 정도의 양이라면 무너지지 않고 견딜 수 있다. 프로토타이핑이 결과물에 미치는 영향에 대해서는 학술적인 검증도 이뤄지고 있다.

캘리포니아 대학교 US 샌디에이고 캠퍼스의 인지과학자 스티븐

다우는 실험 참가자들을 A와 B그룹으로 나눠 '떨어지는 달걀을 깨지지 않게 담을 수 있는 바구니 만들기'라는 과제를 줬다. 프로토타이핑과 그것에 기초한 개선 피드백 과정을 반복할 수 있도록 한 A그룹은 평균 6피트(약 183cm) 높이에서 떨어뜨려도 달걀이 깨지지 않는 바구니를 만들었다. 하지만 '한방 승부' 설계를 요청받은 B그룹은 3.5피트(약 107cm)에 그쳤다.[3]

'시간이 충분할수록 좋은 것을 만들 수 있다'는 건 어떤 면에서는 진리일지 모른다. 하지만 할 수 있다면 머리보다 손을 움직이는 데 시간을 활용하는 편이 표현의 질을 높이는 데 효과적이라는 것을 기억해두기 바란다. 비전 사고의 프로세스 중 하나인 '표현'은 최종적인 작품이 완성돼야 한다는 의미는 절대 아니다. 표현은 목적이 아니다. 거기서 유익한 피드백과 발견을 이끌어내고 업그레이드된 버전으로 이어지기 위한 수단이다.

그런 관점에서 보면, 비전 사고의 세계에서는 원칙적으로 최종 성과물이란 것이 존재할 수 없다. 항상 개선을 기다리는 시제품과 영원한 B버전만 존재할 뿐이다. 표현으로 나아가는 것이 어렵지 않다고 했던 것도 바로 이런 의미다. 그렇다면 실제로 우리가 표현(프로토타이핑)을 실행할 때는 어떤 점을 주의해야 할까? 어떤 여백(캔버스)을 준비하고 어떤 장애물을 뛰어넘어야 표현을 실행할 수 있을까? 이에 대해 다음의 세 가지를 생각해 볼 수 있다.

손으로 생각하기를 방해하는 것 : 표현의 여백 만들기 1

제일 먼저 필요한 것은 습관을 만들거나 동기를 부여하는 것이다. 만약 당신이 지금 프로토타입 사고를 실천할 수 없다면 그 이유는 무엇일까? 두 가지로 생각해 볼 수 있다. 우선은 손보다 머리를 먼저 움직이는 사고 버릇이 들어 있기 때문이다. 또는 직접 손을 움직이거나 타인에게 표현하는 것을 회피하려는 감정이 있기 때문일 수도 있다.

표현에 동기를 부여하는 방법 1. 우선 컴퓨터 앞에 앉는 타성 차단하기

표현을 위한 습관를 기르는 데엔 사람마다 다양한 접근 방식이 있겠지만, 나는 주로 '처음부터 컴퓨터 앞에 앉지 말라'는 조언을 한다. 예전의 나를 돌아보면 '그래, 기획을 해보자'라는 생각으로 컴퓨터 앞에 앉았지만 손이 전혀 움직이지 않는 경우가 있었다. 텅 빈 파워포인트 슬라이드를 들여다보며 자판을 누르고 있자면 무엇보다 나 자신이 그 아이디어에 설레지 않는다는 사실을 깨닫는다. 하지만 시간은 정해져 있기 때문에 어쨌든 기획서 비슷한 것을 만들어 상사에게 가지고 간다. 하지만 예상대로 시큰둥한 반응만 돌아올 뿐이다. 그런 일이 계속 되풀이됐던 것 같다. 프로토타입 사고의 기본은 '손을 움직여 생각하기build to think'다. 그러려면 무언가를 생각하려고 할 때 무턱대고 워드나 파워포인트부터 여는 버

룻을 끊어내야 한다.

　속는 셈치고 손으로 메모하는 습관부터 만들어보자. 이때도 단순하게 항목을 적어 내려가지 말고 표나 그림으로 표현해 보거나 포스트잇을 활용한 '움직이는 메모'를 하도록 한다. 너무 깊게 생각하지 말고 먼저 손을 움직여 적은 다음 다시 살펴본 후에 정리하며 적는 편이 훨씬 효율적이다. 최근에는 대기업 신규 사업 부문에서도 태블릿에 손으로 적은 파일로 기업의 내부 승인을 받는 경우가 많아졌다고 한다. 하지만 대부분의 비즈니스 상황에서는 손글씨로 작성한 서류를 최종 파일로 제출하지 않는다. 첫 단계에서 손으로 쓴 메모를 디지털 문서로 정리해야 하는 상황이 반드시 발생한다. 여기서 '손으로 생각하기'의 장점이 또 한번 발휘된다. 디지털 형식으로 업그레이드하기 위한 반복 프로세스가 준비되기 때문이다. 이 또한 간접적인 의미에서 여백 만들기의 일종이라고 할 수 있다.

표현에 동기를 부여하는 방법 2. 출력하지 않으면 안 되는 상황 만들기

표현에 대한 동기부여를 억누르는 가장 큰 원인은 두려움과 자신감 상실이다. 일본인들은 이런 경향이 특히 두드러지게 나타나는데 정답 지상주의 세계에서 엘리트의 지위를 성취한 사람들 중에서도 이런 특징을 보이는 경우가 많다. '완벽하게 완성해서 출력하지 않으면 사람들에게 보여줄 수 없어'와 같은 완벽주의가 작용하기 때문이다. 이런 사람들은 자신이 낸 아이디어에 부정적인 피드백이 돌아올까 봐 두려워하고 가끔은 아이디어가 부정당하는 것을 자신의 인격이 부정당하는 것과 동일시하며 움츠러들기도 한다.

워크숍에서 프로토타이핑에 대해 설명하다 보면 특정한 반발과 마주한다. '피드백 공포증'인 사람에게 '불완전한 것을 만들어서 사람들에게 보여주라'는 것은 엄청난 수치로 다가오기 때문이다. 남의 일처럼 이야기했지만 나도 마찬가지다. 당연한 반응이다. 그럼에도 내가 프로토타이핑의 길을 선택한 것은, 머리만 움직인 부족한 출력을 최종 결과물로 내놓는 편이 더 부끄럽다고 느끼기 때문이다. 그렇게 한방의 큰 상처를 입을 거라면 좀 더 빨리 열정 가득한 출력을 보여주고 작은 상처를 자주 입는 편이 낫지 않을까. 이 부분은 가치관의 영역이라 강요할 수는 없지만 '자존심을 지키고 싶은 사람', '사실은 정말 겁이 많은 사람'이라면 더욱 더 프로토타이핑을 추천하고 싶다.

부정적인 동기부여를 해소하는 데엔 이러한 발상의 전환이 유용하다. 그렇다면 자신을 표현하고 보여주려면 어떤 액션을 취해야 할까? 프로토타입 사고가 출력의 질을 높인다는 이야기는 여러 번 언급했는데, 이를 알고 있다고 해서 '해보자!'라는 동기부여로 이어지는 사람은 많지 않을 것이다. 결국 필요한 건 '강제성'이라고 할 수 있다. 그렇게 하지 않으면 안 되는 상황을 만들면 저절로 프로토타이핑으로 이어지는 동기부여가 발생한다.

가장 쉬운 방법은 타인의 스케줄을 강요하는 것이다. '친한 친구와 1년에 하루는 자신을 돌아보는 날로 정하기'와 같은 방법을 앞에서 소개한 바 있다. 이렇게 타인과 연결하면 그 일정 자체에 표현을 위한 여백(캔버스)의 의미를 부여하게 된다. 회사 선배나 상사에게 '개인적으로 뵙고 싶은 일이 있는데 다음 주 수요일 오후 6시에 15분 정도만 시간을 내주실 수 있을까요?' 하고 상담 스케줄을 잡아도 좋고 외부 스터디 등을 활용해도 좋다. 그밖에 연주회, 전시회, 발표회와 같이 세상에 자신을 표현할 시간과 장소를 먼저 정하고 프로토타이핑을 시작하는 등 방법은 다양하다.

실제로 일처리를 잘하는 사람을 관찰해 보면, 어느 정도 기획이 정해진 단계에서 먼저 '출력 마감'을 정해 두고 팀의 힘을 빌려 탄력을 받아 최종 결과물을 내는 경우가 많다. 이렇게 단기 마감을 설정하면 구체화에 대한 절박함을 높일 수 있다. 이는 재구성의 재구축 파트에서도 언급한 독창적인 사자성어처럼 출력의 포맷을 억지로 정하는 방법과도 일맥상통하는 면이 있다. 나도 지금까지 많은 생각을 하고 블로그에 글을 올렸지만 '책으로 정리해서 내보시죠' 하는 출판사의 제안이 없었다면 이렇게까지 엄청난 출력을 이룩할 수 없었을 테다. 손을 움직이게 되는 동기가 끓어오르기를 마냥 기다리고 있어서는 안 된다. 중요한 건 손을 움직이지 않으면 안 되는 상황을 전략적으로 만들어가는 것이다.

비전 아트 전시회

표현에 대한 동기부여를 높이려면 소규모라도 괜찮으니 동료들을 모아서 자신의 비전을 표현한 작품의 전시 일정을 잡아보기 바란다. '공상→지각'이라는 입력을 거쳐 '재구성→표현'의 단계로 들어가면 자신의 출력에 대한 윤곽이 점점 뚜렷해진다.

산고産苦의 스테이지로 진입한 것인데 이 고통의 절정을 넘어서면 비로소 '창조 모드'로 전환될 수 있다. 얕은 잠이 들었을 때 저절로 손이 움직이는 단계가 되면 '프로 상태'에 돌입한 것이다. '생각한 아이디어를 다른 사람에게 표현한다'는 구체적인 목표를 설정하고 스스로 압력을 가하는 상태를 만들어두면 프로 상태로 돌입하는 스위치가 쉽게 켜진다.

교토 조형예술대학교에서 강의했을 때 마지막 수업에서는 〈우리의 미래전〉이라는 전시회를 열었다. 개개인이 갈고닦아 온 아이디어를 하나의 작품으로 출력하고 학생들이 서로 피드백을 주고받는 논의의 장을 만들고 싶었기 때문이다.

이제 막 아장아장 걸음을 떼는 비전 표현자에게 있어 성심껏 표현한 자신의 작품을 타인에게 보여주는 기회만큼 귀중한 것은 없다. 거기에서 얻은 긍정적인 비평과 칭찬은 앞으로 끊임없이 '인생 예술의 산맥'을 오르는 데 더할 나위 없는 동기부여로 작용할 것이다.

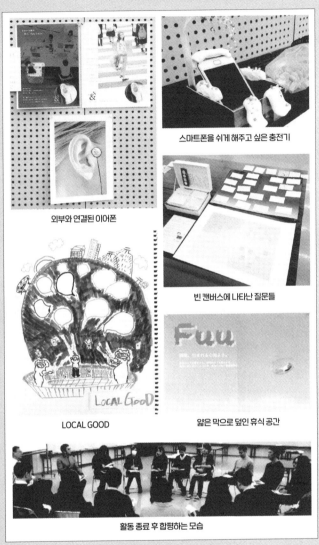

외부와 연결된 이어폰

스마트폰을 쉬게 해주고 싶은 충전기

빈 캔버스에 나타난 질문들

LOCAL GOOD

얇은 막으로 덮인 휴식 공간

활동 종료 후 합평하는 모습

▶ 표현의 장을 만들다(교토 조형예술대학교 〈우리의 미래전〉)

의견을 갖게 하는 쉬운 전달법 : 표현의 여백 만들기 2

완벽주의에 빠지지 않고 작고 빠른 실패를 받아들여 나가는 것은 프로토타이핑의 기본 중에 기본이다. 그렇다고 이것이 '타인의 의견을 두려워하지 말고 무엇이든 생각한 대로 다 표현하면 된다'는 의미는 아니다. 우리가 만든 프로토타입의 목적은 주변의 유익한 피드백을 끌어내 아이디어를 업그레이드하는 것이기 때문이다. 프로토타이핑의 성공 여부는 상대에게 '차후 개선으로 이어지는 유용한 의견'을 끌어낼 수 있는가에 달렸다.

특히 첫 프로토타입을 누구에게 보여주는지는 중요한 문제다. 초기 단계에서는 적중할 조언을 해주는 상대보다 아이디어를 확실하게 이해하고 긍정적인 반응을 해줄 수 있는 대상을 찾아야 한다. 프로토타이핑의 장점은 표현의 완성도와 병행해 아이디어에 대한 자신감을 높여갈 수 있다는 데에 있다. 첫 번째 피드백에서는 그런 자신감을 키워나가는 편이 좋다. 소니에 다닐 때 한 선배가 '괜찮은 아이디어가 떠올랐다면 우선 칭찬해 줄 사람, 새로운 것을 좋아하는 사람, 리듬을 잘 타는 사람에게 들려주라'는 조언을 해줬다, 회사 동료 중에 늘 재미있는 생각을 하는 사람이 있었다. 그 사람은 이를 무의식적으로 실행하고 있지 않았을까 하는 생각을 해본다.

본격적으로 전략 디자인 분야에 뛰어들 수 있었던 것은, 거칠고 현실감 없던 내 비전에 멋진 피드백을 해준 사람들 덕분이었다. 그중 한 분이 'U이론'으로 잘 알려진 MIT의 오토 샤머 교수다. 미국 유학 시절 나는 모든 인맥을 동원해 샤머 교수를 만나러 갔다. 그는 단 둘만 있는 강의실에서 갑자기 찾아온 일본인 학생이 들려주는 '공상'에 성의껏 귀를 기울여줬다. 그러고 나서 마지막에는 '자네의 생각은 분명 맞을 거야. 이제 그냥 해보는 일만 남았네'라는 말을 해줬다. 그 말을 듣는 순간, 내 안에서는 나의 '공상'을 믿는 스위치가 켜졌다. 비전 사고 초기 단계에서 샤머 선생을 만날 수 있었던 건 정말 행운이었다. 중국에서는 이런 사람을 가리켜 '귀인貴人'이라고 부른다. 당신의 주변에는 귀인이 있는가? 혹시 당신이 누군가에게 상담 요청을 받았을 때, 당신은 그 사람의 '귀인'이 될 수 있는가? '당신의 말이 맞아요. 그러니 일단 해봅시다'라고 말해 줄 수 있는가?

프로토타입을 보여줄 상대를 선택하는 것이 중요하기는 하지만, 그렇다고 상대의 반응까지 컨트롤할 수는 없다. '이 사람이라면…' 하고 말을 꺼냈는데 신랄한 비판이 돌아올지도 모른다. 그럴 때 할 수 있는 일은 상대가 당신의 아이디어를 잘 이해할 수 있도록 하는 것이다.

프로토타입으로 표현하고자 하는 아이디어를 이해해 주지 않는 한, 피드백의 질은 높아질 수 없다. 하지만 그렇다고 '최대한 설명을 정중하고 상세하게 하라'는 말을 하고 싶지는 않다. 상대는 바쁘니까. 표현에 동기부여를 할 때는 상대의 스케줄을 여백으로 활용하는 것이 좋다고 했는데 그 말을 뒤집어 보면 표현이란 '타인의 시간을 빼앗는 것'이기도 하다. 이런 입장을 염두에 두고 아이디어를 어떻게 이해시킬지 고민해야 한다. 이때 도움이 되는 두가지 전략이 있다.

표현을 간단하게 설명하는 방법 1. 한 번에 전달할 수 있는 그림 준비하기

자신의 공상이나 비전을 다른 사람에게 전할 때 가장 피해야 할것은 말이나 문장에 의존하는 것이다. 비전은 자신의 '근본적인관심'과 연결돼 있는 것이지만 상대에게는 아무런 흥미도 없는 것일 수 있다는 생각을 전제로 해야 한다. 그러므로 텍스트보다는보는 순간 이해할 수 있는 '시각적 자료'를 준비하는 것이 좋다.

기억력과 창조력이 높아지는 비주얼 메모

지각 능력을 향상시키고 싶다면 평소 '비주얼 요소'를 포함한 메모 습관(비주얼 메모)을 들이라고 권유하는 편이다. 종종 '디자인 스쿨에 다니면서 어떤 변화가 있었습니까?'라는 질문을 받는다. 가장 먼저 떠오르는 큰 변화는 청강과 노트를 동시에 진행하는 '노트테이킹'이 가능해졌다는 것이다.

▶ 비주얼 메모 습관들이기

그때까지만 해도 나는 대학노트에 일일이 받아 적는 정통 필기법을 고집해 왔다. 하지만 디자인 스쿨에서는 노트 대신 커다란 스케치북을 추천했다. 주변 학생들은 강의를 들으면서 바로바로 그림을 그렸다. 영문도 모르고 그들을 따라하던 중에 깨달았다. 시각적 감각까지 동원해서 필기를 하려면 강의를 태평한 마음으로 들을 수 없다. 내 멋대로 수업 내용을 이해해서는 그림을 그릴 수도 없다. 뇌를 풀가동

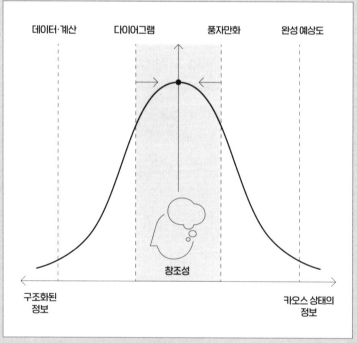

▶ 어떤 형태의 정보가 창조성을 높이는가?⁴

해 강의에 집중해야만 한다.

결과적으로 그림을 곁들인 필기를 하게 된 후에 나의 수업 이해도는 단숨에 높아졌다. 실제로 비주얼 메모의 효용에 대해서는 몇 가지 연구가 진행되고 있다. 낙서doodle 혁명을 일으킨 서니 브라운은 '그림으로 필기하면 문자에 비해 기억 정착률이 29% 높다'고 말했다.[5]

정보를 시각화하면서 입력하는 습관은 이해나 기억에만 긍정적인 영향을 미치는 것이 아니다. 비주얼 메모 습관은 출력의 질을 높이는 데도 플러스 요인으로 작용한다. 하지만 시각화의 질을 높이려고 애쓸 필요는 없다. 'USB 메모리'를 개발한 세계적인 전략 디자이너 하마구치 히데시濱口秀司는 지나치게 구조화된 정보도, 너무 혼란스러운 정보도 창조성을 높여주는 데 그리 효과적이지 않다고 말한다. 오히려 자유분방한 낙서에 가까운 풍자만화나 다이어그램과 같은 중간적 포맷이 인간의 창조성을 키우는 데 더 도움이 된다는 것이다.

표현을 간단하게 설명하는 방법 2. 상대방의 지식과 접점 만들기

또 한 가지 방법은 상대가 가지고 있는 지식과의 접점을 준비하는 것이다. 이 방법에는 메타포(비유)가 효과적이다. 완전히 미지의 아이디어일지라도 설명 중간에 비유를 넣으면 듣는 사람도 아날로지(유추)를 가동할 수 있다.

예를 들어 '관광 정보에 관한 웹 서비스'의 프로토타입을 보여줄 때 출판 업계에 있는 사람에게는 '이것은 관광 정보에 관한 도

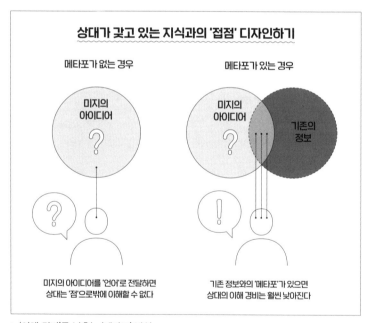

▶ '이해 경비'를 낮추는 '메타포' 방식

서관이라고 할 수 있습니다'라는 비유를 사용하면 좋을 것이고, 금융 기관에 있는 사람에게는 '관광 정보의 은행을 만드는 아이디어입니다'라고 설명하면 이해가 수월해질 것이다.

유추를 불러일으키는 비전 포스터

지금까지 소개한 팁을 충실하게 실천하기만 해도 '공상(비전)'을 상당 부분 발전시킬 수 있다.

- 공상을 시각화하는 '비전 스케치'→요소 분해를 실행하는 '청개구리 캔버스'→메타포를 응용한 '아이디어 스케치'

이렇게 해상도를 높여온 아이디어를 이제는 한 장의 포스터로 정리해 보자. 여기까지 왔다면 컴퓨터나 태블릿 같은 기기의 힘을 빌려도 상관없다. 메타포를 응용한 아이디어 스케치를 기본 요소로 두고 당신의 공상(비전)을 단번에 전달할 수 있는 포스터를 만들어나가자. 이때 구성 요소는 다음의 세 가지를 참고하면 된다.

- 네이밍 : 비전이 가진 '본질'을 단적으로 나타내는 이름
- 광고 : 그 비전의 '매력'이 전달될 수 있는 짧은 문구
- 핵심 비주얼 : 비전 '메타포'를 포함한 시각 요소

교토 조형예술대학교에서 내 강의를 들은 한 학생은 '잡음과 음악이 함께 들리는 카페 같은 공간이 어디서든 펼쳐지는 이어폰을 만들어보고 싶다'는 공상(비전)을 갖고 있었다. 그 학생은 이에 대한 프로토타이핑을 거듭했고 최종적으로 한 장의 포스터를 완성했다. 그때 착안해 낸 것이 '귀가 춥지 않은 모자형 이어폰'이라는 아이디어다. 그 학생은 디자인에 대한 관심도 높고 어도비 일러스트 같은 프로그램 사용에도 능숙했기에 상당히 수준 높은 비주얼을 만들어냈다.

하지만 시작 단계에서는 그렇게까지 완성도에 집착할 필요가 없다. 파워포인트를 사용해 사진이나 그림을 넣는 것만으로도 충분하다. 브라우저에서 작동하는 디자인 툴인 'Canva(http://www.canva.com)'에서는 무료로 포스터 작성 기능을 이용할 수 있다. 완성한 포스터를 인쇄가 가능한 PDF로 전환하는 것도 가능하다.

▶ 교토 조형예술대학 수업 중 한 학생이 만든 비전 포스터

사람을 움직이는 표현에는 스토리가 있다 : 표현의 여백 만들기 3

지금까지 '공상'을 프로토타입으로 구체화하고 사람들이 이해할 수 있도록 하기 위한 힌트에 대해 이야기했다. 마지막으로 잊지 말아야 할 것은 프로토타이핑의 '최종 목적'이다. 프로토타이핑은 일종의 사고법이고 발상법이기 때문에 이 질문은 '도대체 무엇을 위해 생각(발상)하는가?'로 바꿔볼 수도 있다.

한 가지로 답할 수 있는 질문은 아니지만 '사람을 움직이기 위해'라고 말하고 싶다. 아무리 뛰어난 발상이라도 그것을 혼자 실현하기란 쉬운 일이 아니다. 스티브 잡스의 비전이 아무리 훌륭해도 거기에 공감하는 파트너나 직원, 투자자, 소비자가 없었다면 애플 제품이 오늘날과 같이 세계를 바꿀 수는 없었을 테다. 잡스는 비전 창출의 천재인 동시에 그 비전의 소용돌이로 사람들을 떠미는 능력도 타고난 사람이었다.

표현에 있어서는 '타인에게 영향을 미치는 것'을 최종 목표로 해야 한다. 아무리 매력적인 공상을 표현했더라도 듣는 사람이 '오호, 그거 재미있겠네!'의 수준에서 끝나면 개선의 여지를 남기는 것에서 그치게 된다. 하지만 우리의 목표는 프로토타입을 본 사람이 갑자기 몸을 기울이며 '나도 당신을 도울 수 있게 해줄래요?'라고 말하게 하는 것이다.

BIOTOPE에는 신규 사업 창출을 의뢰하는 기업이 많은데 그럴 때마다 프로토타입에 공감하는 것이 얼마나 중요한 것인지를 새삼 깨닫는다. 수백 개가 넘는 사업 아이템 중 '이건 정말 된다!' 라고 판단하는 기획을 보면 '시장성이 있다', '기술이 독창적이다', '우위를 점령할 수 있다'와 같은 요소를 뛰어넘는 중요한 특징이 있다. 담당자의 진심과 아이디어의 구체성이다.

프로토타입이 다소 어설프고 거칠어도 초기 사용자나 개발 파트너의 '구체적인 얼굴과 이름'이 보이는 아이디어에는 경영진들이 OK 사인을 보내는 경우가 많다. 영향력을 가진 사람들이기 때문이다. 솔직히 내가 이 책을 쓰게 된 것도 그야말로 프로토타입의 영향을 받은 결과다. 이 책의 담당 편집자인 후지타藤田는 처음 만나는 자리에서 A4 용지에 인쇄된 기획서 대신 책 정장의 프로토타입을 무려 세 가지나 준비해 보여줬다. 본격적으로 디자인된 것이 아니라 파워포인트로 적당히 만들어진 자료였지만 실물 크기로 인쇄돼 띠지까지 두르고 있는 프로토타입을 보는 순간 가슴이 설렜던 것을 잊을 수가 없다. '프로토타입의 마력'에 마음을 빼앗겨버리고 만 것이다.

표현에 공감할 수 있게 하는 방법 : '어떻게 될까?'에 대한 각본 보여주기
그러면 상대가 공감하고 영향을 받게 할 프로토타입을 어떤 식으로 만들면 좋을까? 제안하고 싶은 것은 '스토리'다. 메타포에 의한 이해를 넘어서 사람을 움직이려면 스토리만큼 강력한 것도 없다. 비즈니스 문맥에서 스토리는 이미 일반화된 이야기지만 내가 처음으로 '스토리 메이킹'이란 개념을 알게 된 것은 디자인 스쿨의 '이노베이션 내러티브innovation narative'라는 수업에서였다. 그때 받은 과제는 할리우드 영화 제작의 노하우를 활용해 '자신이 생각한 상품, 서비스가 소비자의 생활과 인생을 어떻게 바꾸는가'에 대한 스토리를 만드는 것이었다.[6]

사람의 마음을 강하게 움직이는 영웅의 여행 프레임

스토리 메이킹 기법 중 한 가지 포맷을 소개하려 한다. 신화학자인 조지프 캠벨은 전 세계의 신화에서 볼 수 있는 공통 패턴을 분석하고 '영웅의 여행'이라는 프레임워크를 만들었다. 이 프레임에서 보면 '주인공, 시련, 조언자'라는 구성 요소를 둘러싸고, 일곱 스텝의 스토리를 전개해 나간다. '영웅의 여행' 프레임은 할리우드 영화 등에도 응용되고 있는데, 조지 루카스 감독의 '스타워즈' 시리즈에도 이 프레임이 사용됐다.

이 이외에 〈E.T.〉, 〈쇼생크 탈출〉, 〈타이타닉〉, 〈백 투 더 퓨처〉 등도 이와 같은 스토리 구조를 가지고 있다. 이 프레임의 영향력은 허구적인 스토리 제작에만 머물지 않는다. 주인공을 '소비자'로, 시련을 '소비자가 안고 있는 문제'로, 조언자를 '문제를 해결하는 상품과 서비스'로 전환해 비즈니스에도 응용할 수 있다. 소비자가 시련을 극복하고 행복을 얻는 스토리를 만들어낼 수 있다는 뜻이다.

이 스토리 프레임을 채우려면 우선 다음의 질문에 답하면서 스토리보드를 채워나가자.

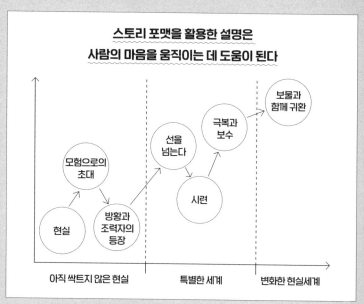

▶ '영웅의 여행'에서 볼 수 있는 스토리 구조

1. 현실 : 주인공은 어떤 과제에 직면했는가?

2. 모험으로의 초대 : 주인공은 어떤 계기로 새로운 세계의 존재를 알게 되는가?

3. 방황과 조력자의 등장 : 여행을 나서기 전의 주인공은 어떤 느낌이었고, 조력자의 어떤 능력으로 그 세계에 편입되기 위한 도움을 받는가?

4. 선을 넘다 : 주인공은 어떤 각오와 기대로 여행(제품이나 서비스

세계로 뛰어드는 것)을 결심하는가? 무엇이 그 각오를 결정하는 계기가 되었는가?

5. 시련 : 새로운 세계에서 어떤(다수의) 시련과 직면하는가? 조언자는 어떻게 주인공을 지원하는가?

6. 극복과 보수 : 주인공은 어떻게 시련을 극복하고, 그로 인해 어떤 보물을 얻었는가?

7. 보물과 함께 귀환 : 보물을 얻은 주인공은 원래 세계에 사는 동료들을 보며 무슨 생각을 할까? 그들에게 어떤 말을 할까?

※ 대상의 전환 : 주인공 = 소비자 / 시련 = 소비자가 안고 있는 문제 / 조력자 = 문제를 해결하는 제품과 서비스 / 보물 = 얻을 수 있는 이익

질문에 대한 답을 모두 적었으면 다시 한 번 전체 스토리의 흐름을 확인해 보자. 이 단계에서 스토리에 재미가 부족하다고 느껴진다면 다음 사항에 주의하면서 '양념'을 바꾸면 된다.

- 업 다운의 대조 폭을 넓힌다.
- 주인공의 갈등을 그린다.
- 시련과 고생을 최대한 상세하게 묘사한다.
- 스토리를 통해 주인공이 진정으로 얻은 것을 그린다.

아이디어 이름	1 현실	2 권유	3 방황과 조력자의 등장
4 선을 넘다	5 시련	6 극복과 보수	7 보물과 함께 귀환

▶ 스토리를 한 장에 정리하는 '스토리보드'

　마지막으로는 각각의 스텝을 단적으로 표현하는 비주얼 요소를 준비한다. 포스트잇을 사용하는 경우에는 손으로 그린 그림(풍자만화)도 좋고, 좀 더 비주얼적인 요소를 더하고 싶다면 사진을 중심으로 한 파워포인트를 작성하는 방법도 있다. 이렇게 작성한 스토리를 인용하며 아이디어를 전달하면 상대방의 강력한 공감을 얻으며 마음을 움직일 수 있을 것이다.

1 Kay, A(1972), "A Personal Computer for Children of All Ages, presented at the ACM National Conference", Boston, http://www.vpri.org/pdf/hc_pers_comp_for_children.pdf

2 Wujec, Tom.(2010), "Build a Tower, Build a Team", TED2010, http://www.ted.com/talks/ tom_wujec_build_a_tower#t−258748

3 Dow, S, P., Heddleston, K., & Klemmer, S, R.(2009), The Efficacy of Prototyping under Time Constraints, In Proceedings Of the 7th ACM Conference on Creativity and Cognition, pp.165~174

4 하마구치 히데시濱口秀司, "아이디어가 떠오르기 쉬운 뇌의 상태란? : 독창성을 관리하는 방법", logmi, last modified January 1, 2012, https://logmi.jp/business/articles/78371

5 Brown, Sunni.(2011), "Doodlers, Unite!", TED2011, https://www.ted.com/talks/sunni_ brown_doodlers_unite

6 할리우드 형식의 극본 기술에 대해서는 이 자료에 상세하게 나와 있다. : Philip Lee, 〈'할리우드 형식의 속도 트레이닝' 강의록〉(헤이세이 22년도 콘텐츠 산업인재 발굴, 육성사업 프로듀서 커리큘럼), https://www.unijapan.org/producer/pdf/producer_309.pdf

폴 고갱, <우리는 어디에서 왔는가, 우리는 무엇인가, 우리는 어디로 가는가>,
캔버스에 유채, 141×376cm, 1897년

7장

공상이
세계를 바꾼다?

후기인상과 화가인 고갱이 타히티 섬에
갔을 때 남긴 걸작. 오른쪽에서 왼쪽으로,
인간의 탄생에서부터 죽음까지의 행보가
전개돼 있다. 자신의 인간관을
세상에 전하는 작품으로 보인다.

다시 묻는 물음, 왜 자기 모드에서 시작해야 하는가?

'시대의 변화 속도가 너무 빠르다. 언제까지고 그 자리에 똑같이 있어서는 안 된다. 자신을 계속 변화시켜야 한다! 과거의 연장선 위에서는 싸울 수 없다. 지금 시대가 요구하는 것은 미래를 내다보는 힘이다!'

얼마 전까지만 해도 이러한 논조의 말을 자주 접할 수 있었다. 지금도 비슷한 주장들이 재생산되고 있는지도 모르겠다. 하지만 이제는 사람들 대부분이 깨닫고 있다. VUCA의 세계인 현대에서는 '시대에 맞춰 변화하라', '장기적인 변동을 예측하라'와 같은 액션에서 의미를 찾을 수 없다는 사실을. 더는 자기계발적 문구로 사람들의 마음을 흔들 수 없다. 이러한 독단적 주문에 대해 모든 사람들이 싫증을 느끼게 된 것이다.

변화의 속도와 폭이 거대해지면 그에 대해 성실하고 진지한 태도로 일일이 반응하는 것은 불가능하다. 앞으로의 시대가 요구하는 것은 변화에 얽매이지 않고 자연스럽게 받아넘기는 힘이 아닐까. 인간을 포함한 모든 생물은 항상성을 기본 메커니즘으로 한다. 최대한 현상을 유지하려 애쓴다. 개체 수준에서 보면 끊임없이 변화에 대응하고 몸부림치는 것은 스트레스일 뿐이다.

하지만 그렇다고 그 현상을 방치할 수도 없다. 세계에는 해결해야 할 무수한 문제들이 있고 '이제는 눈곱만큼도 변화하지 않았으면 좋겠어!'라는 말을 하기에는 너무 늦었다. 게다가 변화를 그만두기로 결심하는 순간 성장에 따른 만족과 설렘까지도 포기해야한다. 정체되고 갇혀 있는 듯한 느낌으로 가득한 일상을 사람들이 얼마나 견딜 수 있을지 의문이다.

그렇다면 우리는 도대체 어떻게 하면 좋을까? 어제의 연장선에서 아등바등 진지하게 몸부림치지도, 끊임없이 변화하는 세계에 발맞춰 죽기 살기로 달리기만 하지도 않으면서 개인의 만족과 성장은 유지하려면 어떤 사고방식과 라이프스타일이 필요할까?

지금껏 이야기한 네 단계로 이뤄진 '비전 사고'는 이 물음에 대한 내 나름의 해답이다. 직선적인 성장이 가능했던 심플한 세계에서는 정해진 시간 안에서 생산성을 높이고, 자신이 정한 목적지를 향해 가기만 하면 됐다. 하지만 디지털 네트워크로 이어진 복잡한 지식사회에서는 이러한 접근이 유효한 상황이 거의 없다. 게다가 사회 자체의 변화 속도는 빨라졌는데 개별적인 액션이 구체적인 결과를 이끌어내기까지의 기간은 오히려 더 늘어났다. 심지어 생각한 대로 결과가 나올지도 불확실하기만 하다.

이토록 모호한 세계에서는 노력try과 실패error의 사이클을 짧게 하고, 그 반복을 장기간에 걸쳐 지속하는 전략이 가장 효과적이다. 결과에 이르기까지는 길고 긴 정체기를 거쳐야 할지도 모른다. 하

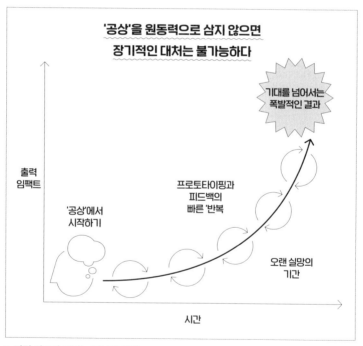

▶ 비전 사고가 그리는 커브의 특징

지만 인내하며 그 과정을 통과한 사람에게는 폭발적인 성장이라는 선물이 주어지는 것 또한 지금 시대의 특징이다. 현재 세계의 시가총액 랭킹 상위에 군림하는 아마존조차 창업 후 10년이 지나서야 처음으로 흑자 전환을 경험했다. 그 오랜 세월 동안 아마존은 지속적으로 손을 움직이면서 인고의 시간을 견딘 것이다.

개인이 장기적인 대처를 지속하려면 자신의 내부에서 발생한 공상(비전)을 원동력으로 하는 것이 가장 효과적이다. 수많은 혁신 프로젝트에 참여하면서 성공하는 프로젝트와 실패하는 프로젝트의 차이는 공상을 가진 팀원의 유무라는 것을 깨달았다. 눈앞의 세계는 점점 달라지고, 단기적으로는 실패하기도 하고 장애물을 만나기도 한다. 그 기나긴 실망의 기간을 인고하려면 당신 안에서 우러나온 애정과 관심이 필요하다. 이때 자기 모드야말로 변화의 물결에 휩쓸리지 않을 수 있는 단단한 '닻'이 돼줄 것이다.

비단 기업가나 혁신가들이 품고 있는 사업 비전에만 국한된 이야기가 아니다. 모든 개인과 조직이 가진 '이랬으면 좋았을 텐데…' 하는 이상理想에 닻을 내리고 살아가는 삶의 방식은 미래 사회에서 지금보다 더 중요한 의미를 갖게 될 것이다. 창조적인 습관이 몸에 배면 '인지도 있는 브랜드의 상품을 사서 정말 만족스러워' 하는 식의 소비에도 더는 흥미를 느끼지 않을 것이다. 무언가를 창출해 낼 때 그 행위 자체에서 얻는 행복으로 이미 충분하기 때문이다.

앞으로 AI나 로봇이 인간 활동의 일부를 완전히 대변하는 시대가 온다면 비전을 구체화함으로써 자신을 충족시키는 힘은 결정적인 강점이 될 것이라고 확신한다. 그러한 힘과 습관을 가진 사람을 늘려가는 일이야말로 우리 사회 전체의 행복을 실현하는 데 꼭 필요한 것이 아닐까.

단기적인 성과를 기대하면서 분주히 뛰어다니기만 하는 타인 모드를 지속한다면 눈부신 변화에 휘둘리다가 언젠가는 피곤에 절어 나가떨어지고 말 것이다. 자기 모드 스위치를 켜놓은 상태에서 당신의 등을 힘차게 밀어줄 거대한 파도를 기다리는 마음가짐으로 살아야 매일이 즐거울 수 있다. 그리고 결과적으로는 어딘가에서 기대를 초월한 폭발적인 결과를 마주할 가능성도 높아진다.

아티스트의 성장으로 보는 공상을 구체화하는 기술 훈련법

지금까지 나는 '자신만의 공상이 갖는 의미와 가치'를 강조해왔다. 우리는 자기 모드로 생각해야 한다는 사실을 자꾸 잊어버린다. 그렇기에 타인의 시점이나 사회의 평가를 제쳐두고 나 홀로 사고하는 훈련이 필요하다고 재차 강조했던 것이다. 창조적인 아이디어나 혁신은 언제나 공상구동형 사고에서 비롯됐다는 근거가 곳곳에 넘쳐난다.

하지만 역설적으로 나만의 독창적인 공상을 짜내고 그것을 발산할수록 나와 비슷한 공상을 가진 사람을 만날 가능성이 큰 것도 사실이다. 비전 사고를 동력으로 움직이는 사람일수록 동일한 비전을 가진 사람과 함께 무언가를 이루고 싶다는 생각을 하고, 시장을 보며 움직이는 사람일수록 차별화 전략으로 경쟁에서 앞서나가고 싶다는 생각을 하기 때문이다. 도쿄 대학교의 오카다 다케시岡田猛 교수는 예술가의 창작활동을 지탱하는 '창작 비전'에서도 비슷한 성장과정을 발견했다.[1]

창작 비전은 예술가가 삶에서 우연히 만나는 근원적인 테마 같은 것이다. 이는 본인이 숙달돼 가는 과정에서 명확해짐과 동시에 변화한다. 여기에는 세 단계가 있다. 우선 한창 때의 예술가는 타인을 의지의 기반으로 하는 '창작 비전' 경향을 보인다. 기존의 가치관을 답습하기도 하고 동시대 예술가들과의 차별화를 의식하는 식의 창작활동이 전형적이다.

다음으로 자신을 기반으로 하는 단계에서는 자신의 내면이나 문제의식을 철저하게 되돌아보면서 나만의 표현 스타일을 확립하기 위한 탐색활동이 두드러진다. 하지만 숙달의 최종 단계에 진입해 자신의 창작 비전을 명확하게 의식할 수 있는 예술가는 오히려 자기다운 스타일은 희미해지고 '타인과 자신의 조화'를 추구하게 된다. 자신의 비전에 따라 다양한 작품을 만들어내면서도 타인과의 관련성을 고려해 표현의 폭을 다양하게 펼쳐나가는 것이다. 이는 일본의 전통적인 예술세계에서 자주 언급되는 '수파리守破離'와도 뿌리를 같이 하는 사고방식이다. 기존의 방식에 맞추는 단계인 수守, 거기에서 의식적으로 거리를 두고 자기만의 스타일을 만드는 파破, 마지막으로 그 두 가지를 통해 새롭고 질 높은 길을 재구축하는 리離의 순서로 흘러간다.

사회적 문맥에서 공상 다시 묻기

비전 사고의 기본인 공상(비전)에도 이러한 수파리적인 측면이 있다. '내발적內發的 관심'에 초점을 맞춰 독창적인 비전을 고집하면서도 그 사고는 곧잘 '사회적 문제해결' 같은 거대한 흐름과 접속한다. 최근 세계가 예술과 철학, 미학, 사회학, 역사학 등 교양 학문에 관심의 초점을 맞추고 있는 것도 이러한 배경에서 생각해 볼수 있다. 현대는 이전처럼 기술 혁신에 대한 낙관주의를 취하지 않는다. 테크놀로지가 더해진 새로운 음악 축제로 유명한 미국의 사우스 바이 사우스웨스트(SXSW)에서도 기술이 인간사회에 미치는 악영향을 고려해야 하며, 이를 위해 인간 자체를 더욱 깊이 있게 이해해야 한다는 주장이 사람들의 이목을 끌었다.

또 내가 교편을 잡고 있는 지선관至善館 대학원[2]에는 동·서양 철학, 종교학, 사회학 등의 과목과 상상하는 힘으로써의 디자인 사고를 양립시킨 MBA 코스가 있다. 22세기 리더 육성을 목표로 차세대 사회의 이상향을 그리기 위한 프로그램이다. 앞서 소개한 고갱의 회화 제목은 오늘날을 살아가는 개개인에게 큰 화두를 던진다.

'우리는 어디에서 왔는가, 우리는 누구인가, 우리는 어디로 가는가D'où venons-nous? Que sommes-nous? Où allons-nous?'

현대인에게 가치관에 대한 질문을 던지는 시대가 도래한 것이다. 이런 맥락에서 하버드 대학교 발달심리학자인 하워드 가드너는 우리 삶의 '목적'을 다시 성찰해야 한다고 말한다. 그러면서 '진·선·미'라는 가치 기준을 비즈니스와 교육에 도입하는 방안을 제안했다. 기술이 엄청난 속도로 진화하는 시대이기에 '무엇을 위해 테크놀로지를 활용하는가?'라는 가치관을 확립한 인재를 육성해야 한다는 것이다.[3]

'진·선·미'라고 하면 고대의 이데아 이론을 전개한 플라톤으로 거슬러 올라간다. 주로 철학 분야를 통해 전승돼 온 개념인데 가드너는 이야말로 현대의 실무자들에게 필수적인 교양이라고 주장한다. 철학은 전문가만이 들어갈 수 있는 세계라는 이미지가 강하다. 하지만 현대에는 개인의 자기 영역화를 위한 방법으로 철학이 필요하다. 자신의 비전을 강력한 무기로 키워나가기 위해 진·선·

미의 관점에서 몇 가지 질문을 설정해 보자.

진: 디지털 기술의 전개에 따라 현실세계 바깥쪽에 광대하고 다양한 가상의 세계가 생겨나고 있다. 또한 트럼프 현상 이후, 객관적인 사실보다 감정적 호소가 사회를 움직인다고 하는 '포스트 트루스post truth 시대'[4]가 시작됐다고도 한다. 그렇다면 더 이상 '절대적으로 옳은 것'은 존재하지 않는 것일까? 당신의 공상(비전)에 있어서 '옳다(진리다)'고 말할 수 있는 것이 있다면 그것은 어디에 의존해야 할까?

선: 당신의 비전은 어떤 사회를 만들기 위한 것인가? 어떤 사람이 행복해지는 모습을 떠올리고 있는가? 당신의 비전을 '좋다'고 느끼지 않는 사람, 당신의 비전에 반대하는 사람이 있다면 누구인가? 공상을 어떻게 바꾸면 좀 더 많은 사람들이 당신과 협동할 수 있을까? 당신의 비전이 미래 사회의 '공통의 목적'으로 인식되려면 무엇이 필요한가?

미: 당신에게 '아름다운 것'이란? 반대로 당신에게 '불쾌한 것', '아름답지 않다고 생각되는 것'에는 어떤 공통점이 있는가? 당신의 비전에 대해 사람들이 '매력'을 느낀다면, 그것은 어떤 점인가?

이러한 질문을 통해 자신의 비전을 다듬고 세상을 향해 목소리를 내면, 처음에는 단순한 공상이었던 것이 어느 순간부터 '사회문제해결'을 포함한 이념으로 바뀌기 시작한다. 그러한 이념의 전

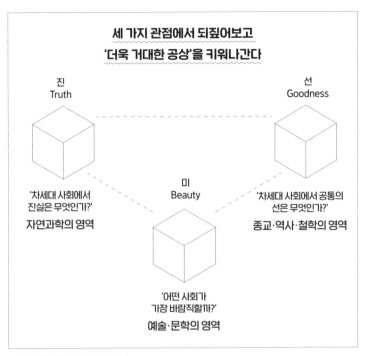

세 가지 관점에서 되짚어보고
'더욱 거대한 공상'을 키워나간다

진
Truth

선
Goodness

미
Beauty

'차세대 사회에서
진실은 무엇인가?'
자연과학의 영역

'차세대 사회에서 공통의
선은 무엇인가?'
종교·역사·철학의 영역

'어떤 사회가
가장 바람직할까?'
예술·문학의 영역

▶ 가드너가 제시하는 '진·선·미'

형으로는 'SDGs(Sustainable Development Goals, 지속가능한 개발 목표)'
가 있다. SDGs는 2015년 UN 개발정상회의에서 채택된 국제 목
표로, 2030년까지 17개 분야에서 169가지의 목표 달성을 결의했
다. 만약 공공의 과제를 처음부터 '자기 일'로 여기는 사람이 있다
면 그야말로 멋진 일이다. 하지만 개인과 조직에서 SDGs 같은 사
회적 과제를 갑자기 자신의 최종 목표로 설정하기는 쉽지 않다.

순수한 자선의 마음만으로 이렇게 거대한 과제를 꾸준히 마주할 수 있는 사람은 극히 소수에 불과하고, 설령 그럴 수 있더라도 오랫동안 지속하기는 어려울 것이다. 좀처럼 끝이 보이지 않는 과정에서도 포기하지 않고 장기적으로 문제해결을 위해 노력하려면 '공공심公共心'에 선행하는 무언가가 필요하지 않을까. 개인으로는 도무지 어찌할 수 없는 거대한 과제일수록 내면에서 우러나오는 정체 모를 공상과 직감이 우리의 출발점이 돼줄 것이다. 비전을 구체화한 후에는 좀 더 큰 목표와 접속해 나가는 것도 잊지 않길 바란다.

SDGs를 굳이 참조하지 않아도 세계에는 중차대한 과제들이 산더미처럼 쌓여 있으며, 예측할 수 없는 거대한 문제들이 연이어 발생하고 있다. 어느 날 갑자기 '세상을 구원할', '사람을 도와줄' 그런 지점에서 출발하라는 것이 아니다. 미래의 세계에서 중요한 것은 자신의 공상에 정직해지는 일이다. 그리고 공상에서 성장한 비전 사고를 함께 실현할 수 있는 동료를 만나면 비로소 그것을 기점으로 SDGs가 작동하기 시작할 것이다. 그런 의미에서, 비전 사고야말로 '진정 사회를 변혁하고자 하는 사람을 위한 사고법'이라고 확신한다.

▶ SDGs(지속가능한 개발목표)란?

1 오카다 다케시, 요코치 사와코, 난바 쿠미코, 이시하시 겐타로, 우에다 카즈히로, "현대미술 창작에서 '겹치지 않는' 프로세스와 창작 비전", 〈인지과학〉 2007년 14권 3호, pp.303~321

2 (역주)2018년 도쿄에 설립된 비즈니스 스쿨

3 Gardner, H.(2011), Truth, Beauty, and Goodness Reframed:Educating for the Virtues in the Age of Truthiness and Twitter, Basis Books

4 (역주)객관적인 사실보다 허위일지라도 개인의 감정에 호소하는 것이 더 강력하다는 시각

마치며

꿈이 무형자산을
움직이는 시대

"최근, 어른들에게서 '희망으로 가득 찬 이야기'를 들을 기회가 없어진 것 같다. 하지만 나는 믿고 있다. 꿈을 이야기하면 무형자산이 모여들고, 무형자산이 모이면 유형자산이 움직이기 시작한다는 것을."

이것은 전 일본 축구국가대표 감독이었던 오카다 다케시가 한 말이다. 오카다 감독은 비전 원동력 사고의 체험자로, 내가 가장 영향을 받았던 인물이기도 하다. 현재 그는 경영자가 돼 FC 이마바리라는 축구 클럽을 운영하고 있다. 일본 스타일의 축구 기법, 오카다 기법을 일본 전체에 전파하기 위해 이마바리에 새로운 산업을 창출한다는 거대한 비전을 내걸었다. 회사를 창업한 후 2년 정도가 지났을 무렵에 그를 만났다. 디자인을 비즈니스와 경영 현장으로 확대해 나가면서 의뢰인과 기업이 나를 찾아줘야 한다는 강박관념에 사로잡힌 채 지내던 시기였다. 그러다 보니 무의식적으로 상대의 답변에 무조건 박수를 쳤다. 그랬던 당시의 나에게 오카다 감독의 말은 큰 충격으로 다가왔다. 그때 마침 딸이 태어났다. 이 아이에게 나는 무엇을 해줄 수 있을지 고민하기 시작했다. BIOTOPE에서는 기업의 장기 비전, 즉 2030년의 미래상을 그려내는 일을 하고 있었다. 문득 이 장기 비전을 기획하는 일이 나의 딸 세대에게 무엇을 남길 것인가? 하는 각오를 묻고 있다는 걸 깨달았다. 그날 이후 나는 누가 어떻게 생각하든 내 꿈을 선언하기로 결심했다. 아무도 이해해주지 않더라도.

이 책은 비즈니스 현장에서 다양한 기업의 미래를 그려나가면서 현재 내가 가장 표현하고자 하는 것을 구체화한 것이다. 즉 비전 사고를 기반으로 하는 나의 생활 방식을 전달하기 위해 쓴 글이다. 교토 조형예술대학교에 공개강좌라는 예술적 캔버스(여백)가 준비되면서 프로그램이 만들어졌고, 주변 사람들의 피드백에 용기를 얻어 나의 비전을 세상에 알리고 싶다는 생각으로 만든 예술 작품과도 같은 책이다.

지금 우리는 시대의 거대한 전환기 한가운데에 있다. 세계대전

이후 일본에 스며든 미국식 생활 방식은 더 이상 세상의 절대적 기준이 아니다. 그리고 AI를 비롯한 기술의 발전으로 우리가 지금껏 직업으로 삼아왔던 것들의 일부는 기계가 대체하게 됐다. 그런 흐름 속에서 우리는 무엇을 만들고, 무엇을 남기면 좋을까. 내가 그리는 미래의 그림은 이렇다. 각 개인이 자신의 공상을 구체적인 형태로 만든 삶의 방식이 당연시돼서 인류가 자기충족을 해나갈 수 있는 사회.

많은 자원을 들이지 않고도 자기다움을 표현할 수 있는 문화적 영역은 더 소중해졌지만 이러한 소비적 활동은 지속적인 방법이 아니다. 자신을 표현하는 것은 자원을 사용하지 않는 친환경적인 행위이며, 삶의 의의를 재생산하고 확대해 가는 삶 그 자체여야 한다. 그렇다면 이런 비전에 대해 어떻게 접근해야 할까. 나는 기업의 혁신 지원이나 전략 디자인 컨설팅을 통해 기업 현장에 최대한 비전 사고가 충만한 사람을 투입하고 시대를 초월해 의의를 계속 만들어낼 수 있는 비전적 회사를 일본 안에 조금이라도 더 남겨두고자 하는 마음으로 회사를 운영하고 있다. 비즈니스 세계에서 말하는 영업, 즉 회사에서 영향력이 큰 파트에 비전 사고가 당연하게 받아들여진다면 다른 분야로도 그 사고법을 파급시켜 나갈 수 있지 않을까. 하지만 변화의 대상은 그것뿐이 아니다.

이 책은 삶의 방식으로서의 '비전 사고' 개념과 실천 방안을 제시한다. 비즈니스 현장에서 비전 사고에 근거해 혁신을 일으키는 것은 당연한 일이고, 그것을 다른 영역으로까지 확장시켜 나가는 것이 중요하다. 그 영역은 두 가지다. 하나는 교육 현장이고 하나는 개인의 삶의 현장이다.

언뜻 비즈니스와 교육은 다른 세계로 보이지만 실제로 기업 현장에서 핵심 역할을 담당하는 30~40대 대부분은 집에 돌아가면 교육자가 된다. 비즈니스 현장에서의 노동 방식 변화는 고스란히 가정에서 아이들을 대하는 방식의 변화로 이어진다. 2020년도 학습 지도 요령이 변경되면서 21세기형 기술이라 불리는 스스로 생각하는 힘을 키우기 위한 커리큘럼이 도입될 예정이다. 그에 맞춰 교육 현장에서도 예술과 디자인 사고방식을 도입함으로써 스스로 문제를 생각하고 구체적으로 표현하면서 해결해 나가는 방식이 시행되기 시작했다. 학교 현장에서 이 방식을 활용할 여지는 상당히 크다. 하지만 그 전에 중요한 것은 교육을 교사에게만 맡기는 것이 아니라 가정에서도 실천해 나가는 것이다.

아이들은 처음부터 상상력과 창조력을 가지고 태어나는 비전 사고형 존재다. 그 힘을 무용지물로 만드는 것이 바로 우리 기성세대다. 일터와 가정에서 어른들이 변화된 모습을 보이면 아이들 역시 변화해 갈 것이다. 이 책을 통해 어른들이 가정에서 아이와 함께 비전 사고를 연습하는 모습이 자연스러운 일상이 된다면 저자로서 그보다 더 행복한 일은 없을 듯하다.

그리고 100세 시대가 된 지금, 한 회사에서 정년까지 일하는 사람은 거의 없다. 어딘가에서 자기 나름의 '삶의 길'을 걸어가는 게 당연한 세상이 됐다. 스스로 경력을 쌓아야 하는 시대를 살아가려면, 자기만의 '북극성'을 정하고 불확실한 길을 걸어나가는 라이프 스킬이 필요하다. 이 책은 지금부터 그 길을 걸어가기로 마음먹은 사람들에게 작은 힌트가 돼 줄 것이라 믿는다.

요즘은 소상공인의 시대다. 인터넷을 잘 활용해 가며 자신이 좋아하는 일을 하다 보면 어느새 시대의 파도가 몰려와 단숨에 자기만의 시장을 만들게 될 것이다. 처음부터 '인생 예술의 산맥'을 거침없이 오를 수 없는 커리어를 확보하기는 어렵겠지만 자신의 '비전 아틀리에'를 가진 삶을 살다 보면 취업, 이직 등 인생의 전환기를 맞이할 때에 중요한 지도가 되어줄 것이다.

이 책을 계기로 비즈니스, 교육, 라이프디자인 이 세 개의 세계에서 당신의 사고법에 공감하는 사람을 만나고 함께 실천하며 반경을 넓혀나갈 수 있다면 정말 기쁠 것 같다. 책의 내용은 교토 조형예술대학교에서 진행했던 '공상을 구체화하는 기법'이라는 워크숍 형태의 강의를 바탕으로 하고 있다. 이미 연계된 프로그램도 준비돼 있고 실행을 위한 다양한 공간과 참여자를 육성하는 프로그램도 지속적으로 개발하려 한다.

　　끝으로 2인 3각으로 함께 이 책을 만든 다이아몬드사의 후지타 유藤田悠 님, 교토 조형예술대학교에 '비전을 구체화하는 기법'이라는 프로그램으로 '캔버스'를 만들어준 혼마 마사토本間正人 선생, 하야카와 가츠미早川克美 선생, 프로그램 제작을 도와준 다카키 고스케高木康介 군, 모든 학생 여러분에게 진심으로 감사의 마음을 전하고 싶다. 또한 내 공상의 세계를 그림으로 그려준 BIOTOPE의 마츠우라 모모코松浦桃子 씨, 퇴고 과정에서 많은 도움을 준 카네야스 루이金安塁生 군, 니노칸 쇼고二ノ官将吾 군, 츠치야 와타루土屋亘 군, 사카마 나미노坂間菜未乃 씨, 수없는 영감을 주신 이치카와 치카라市川力 씨, 야마모토 고키山本興毅 씨, 모리키 요나리森清成 씨, 정말 고맙습니다.

　　더불어 이 책에 추천의 글을 써주신 두 분, 나의 인생을 생각해볼 계기를 만들어 주신 오카다 다케시 님과 경영학과 혁신 디자인 세계의 선구자에 대해 언제나 함께 탐구해 주신 이리야마 아키에 님에게도 감사의 뜻을 전한다. 그리고 항상 지원을 아끼지 않는 나의 가족, 사츠키, 마유眞優, 이 책과 함께 태어난 쿠니노리邦紀에게도 한없는 감사의 마음을 표한다.

　　　　평성平成 마지막 정월에 다음 세대를 살아갈 당신을 위해,

　　　　　　　　　　　　　　　　　　사소 쿠니타케佐宗邦威

옮긴이 김윤희

경희대학교 일어일문학과를 졸업하고 출판번역 전문 에이전시 베네트랜스에서 전속 번역가로 활동 중이다. 옮긴 책으로 《아이를 혼내기 전에 읽는 책》, 《시시하게 살지 않겠습니다》, 《야노시호의 셀프케어》, 《나를 바꾸면 모든 것이 변한다》, 《콜드리딩》, 《30대, 결혼하지 않고도 즐겁게 사는 법》 등이 있다.

쓸모 있는 생각 설계

1판 1쇄 발행 2020년 01월 20일

지은이 사소 쿠니타케
옮긴이 김윤희
발행인 김진갑 오영진
발행처 토네이도

책임편집 허재희
기획편집 이다희 박수진 박은화 지소연 김율리 진송이
디자인팀 안윤민 김현주
마케팅 박시현 신하은 박준서 송다솔
경영지원 이혜선

출판등록 2006년 1월 11일 제313-2006-15호
주소 서울시 마포구 월드컵북로5가길 12 서교빌딩 2층
전화 02-332-3310 팩스 02-332-7741
블로그 blog.naver.com/midnightbookstore
페이스북 www.facebook.com/tornadobook

ISBN 979-11-5851-162-3 03190

토네이도는 토네이도미디어그룹(주)의 자회사입니다.
이 책은 저작권법에 따라 보호를 받는 저작물이므로 무단전재와 무단복제를 금하며,
이 책 내용의 전부 또는 일부를 사용하려면 반드시 저작권자와 토네이도의 서면 동의를 받아야 합니다.

잘못되거나 파손된 책은 구입하신 서점에서 교환해드립니다.
책값은 뒤표지에 있습니다.

이 도서의 국립중앙도서관 출판예정도서목록(CIP)은 서지정보유통지원시스템 홈페이지(http://seoji.nl.go.kr)와 국가자료공동목록시스템(http://www.nl.go.kr/kolisnet)에서 이용하실 수 있습니다.
(CIP제어번호: CIP2019052908)